永瀬の仕事から学ぶ宅建試験のスゴ知識

編著 宅建受験新報 編集部　監修 吉野 哲慎

住宅新報出版

はじめに

漫画『正直不動産』では、主人公の永瀬財地たちの不動産取引の仕事を通じて、宅建試験に必要な知識を学ぶことができます。

本書では、特に宅建試験で重要となる14の知識を、スゴ知識として絞り込んで、漫画のストーリーとともに紹介しています。実際に試験で出題された内容については、過去問もあわせてチェックできるようにしています。

宅建試験は法律の試験だし、内容を理解するのが難しい……という声も聞きますが、漫画『正直不動産』を法律的な視点から読み進めていくことで、理解できることがたくさんあると思います。

本書とともに、漫画『正直不動産』を多くの人に読んでいただき、「不動産の法律って面白いな」、「宅建試験にチャレンジしてみようかな」と思って下さることを心から願っております。

もくじ

はじめに……3
正直不動産 作品&登場人物紹介……6

権利関係

スゴ知識① 共有(民法)……10
スゴ知識② 不動産物権変動(二重譲渡・民法)……26
スゴ知識③ 契約不適合責任(民法)……42
スゴ知識④ 定期建物賃貸借契約(借地借家法)……60
スゴ知識⑤ 集会(区分所有法)……72
正直不動産 登場人物の宅建取得エピソード 永瀬 財地 編……88

宅建業法

スゴ知識⑥ 媒介契約……90
スゴ知識⑦ 建物状況調査……106
スゴ知識⑧ クーリング・オフ(8種制限)……118
スゴ知識⑨ 手付貸与等の禁止(業務上の規制)……128
スゴ知識⑩ 報酬……144
正直不動産 登場人物の宅建取得エピソード 月下 咲良 編……158

法令上の制限

スゴ知識⑪
法令上の制限の基本用語
（都市計画法・建築基準法）……160

スゴ知識⑫
接道義務（建築基準法）……176

正直不動産
登場人物の宅建取得エピソード
十影 健人 編……188

税・その他

スゴ知識⑬
固定資産税（税法）……190

スゴ知識⑭
フラット35（住宅金融支援機構）……204

宅建士になりたくなったら……214

人気宅建講師による
正直不動産　名言セレクション……216

正直不動産　単行本
既刊＆所有テーマ……218

正直不動産

作品&登場人物紹介

登坂不動産

主人公

永瀬 財地（ながせ さいち）

登坂不動産課長代理。嘘もいとわぬ手法で売り上げ成績を上げるエース営業マンだったが、地鎮祭で祠と石碑を壊したことで祟りにあい、上手く嘘がつけなくなってしまった。それ以来、正直営業で奮闘している。

月下 咲良（つきした さくら）

登坂不動産の不動産営業。カスタマーファーストの営業を理想として、つねに顧客に真摯に対応している。

桐山 貴久（きりやま たかひさ）

元登坂不動産社員。登坂不動産を辞め、不動産ブローカーとなった。

登坂 寿郎（とさか としろう）

登坂不動産社長。大手不動産会社を経て、登坂不動産を立ち上げる。その力は窺い知れない。

大河 真澄（おおかわ ますみ）

登坂不動産部長。人情家である一方、怒らせると怖い。

十影 健人（とかげ けんと）

ミネルヴァ不動産からの転職組。Z世代。

菅沼 直樹（すがぬま なおき）

登坂不動産の係長。人はいいが、成績は今一つ。

藤原 結弦（ふじわら ゆづる）

登坂不動産の課長。地主の息子で地主とのパイプが強い。

黒須 圭祐（くろす けいすけ）

登坂不動産を辞めたが、再び戻ってくる。

漫画『正直不動産』とは

祟りにあって以来、嘘がつけなくなり、正直な不動産営業で奮闘する主人公の永瀬財地を中心に、業界の表と裏、不動産取引について痛快に描かれたストーリーが展開される。登坂不動産と極悪営業スタイルのミネルヴァ不動産との対決もみどころとなっている。

ミネルヴァ不動産

鵤 聖人（いかるが まさと）

ミネルヴァ不動産社長。元ＢＦＦ不動産社長。登坂不動産に戦いを挑んでくる極悪人。

神木 涼真（かみき りょうま）

ミネルヴァ不動産営業。登坂不動産から移籍し、悪魔のような営業スタイルで成約を決める。

花澤 涼子（はなさわ りょうこ）

ミネルヴァ不動産営業。神木に対抗心を燃やしている。

岩沢 祐亮（いわさわ ゆうすけ）

ミネルヴァ不動産営業。元登坂不動産で、永瀬の後輩だった。

西岡 将生（にしおか まさき）

登坂不動産からミネルヴァ不動産への転職組。

豹堂 レオン（ひょうどう）

ミネルヴァ不動産の営業。

雪野 遥香（ゆきの はるか）

ミネルヴァ不動産の新人営業。タメロ営業で成績を伸ばす。

転載漫画：『正直不動産』
大谷アキラ
（原案）夏原 武
（脚本）水野光博
小学館「ビッグコミック」連載中

権利関係

契約に関するルールを定めた「民法」を中心に学ぶ

スゴ知識①

共有

（民法）

1つの物を2名以上の者が所有する状態のこと

『正直不動産』
第123・124直
「共有物分割請求」
（単行本第16集）

共有の場合、例えば、1つの不動産を複数名で所有することになるため、共有者の1人が他の共有者の同意を得ずに、勝手に不動産を売ったり、改築したりすることはできない。共有物を管理するにあたっても、民法でルールが設けられている。

■今回のストーリー

永瀬の同級生でフリーターの双葉祥太は、元プロ野球選手の弟と2人で実家を共有相続していた。ある日、金策に困った弟から実家の売却話を持ち掛けられるのだが……。

共有財産の処分は、共有者全員の同意が必要！

左ページで紹介している場面では、祥太が兄弟で共有相続した実家を売ることを弟から提案されている。後のストーリーを読めばわかるが、弟は現金欲しさに、実家の売却を考えている。

民法の規定では、共有不動産の売却は共有物の変更行為（重大変更）にあたり、共有者全員の同意が必要となる（25ページ参照）。そのため、弟は共有者の兄・祥太に意思確認をしたというわけだ。しかし、祥太は弟からの実家売却提案を断る。すると今度は、弟の所有権の持分を買い取ってほしいと頼まれるが、それも却下する。

弟は、2つの提案を断られたことで、「裁判所に共有物分割請求訴訟をする。」と、祥太に宣言。後日、祥太のもとに、裁判所から内容証明が届く。

権利関係
宅建業法
法令上の制限
税・その他

順を追って説明するぞ。
まず、2人以上で不動産などを所有している場合を共有と呼ぶ。
ペアローンを組んで家を購入した場合や、この家みたいに相続した場合によくあることだ。
で、その共有状態を解消しようって訴えが、共有物分割請求だ。

困った祥太は、同級生の永瀬に相談することに。

ここでの永瀬のセリフは、共有と共有物分割請求についての説明だ。ちなみに、セリフ内にある「ペアローン」とは、夫婦や親子で組む住宅ローンのことで、これを利用すると不動産はローンを組んだ人との共有名義となる。「第39・40直　共有名義」もあわせて読んでおきたい。

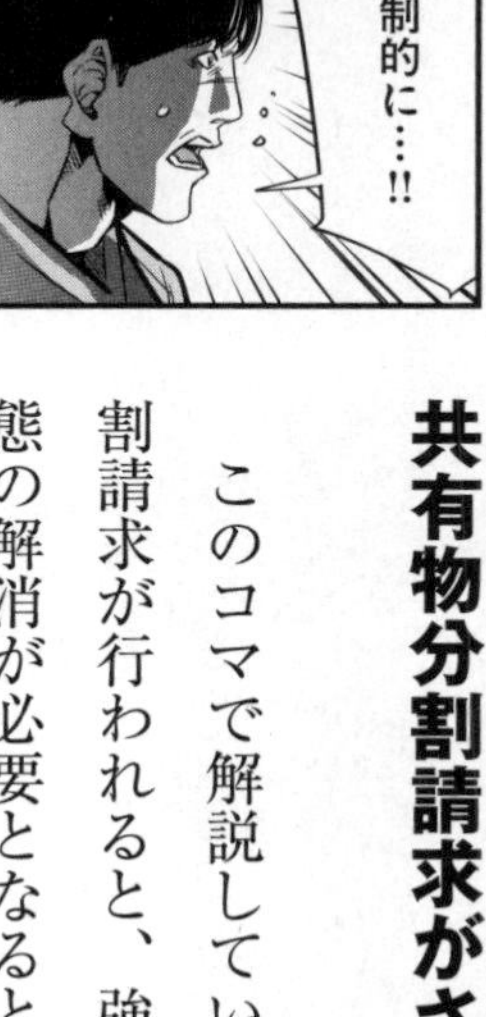

共有物分割請求がされると

このコマで解説している、共有物分割請求が行われると、強制的に共有状態の解消が必要となるという点に注目したい。

「共有者には共有状態を強制的に解消する権利がある。」

今回、祥太の弟はこの権利を行使したことになる。

ちなみに、裁判所から祥太の元に送られてきた内容証明は、裁判所に共有

物分割請求をする前に、共有物分割協議をしましょう、という提案の書面となる。

民法では、共有関係を解消する「共有物の分割」について、いつでも共有物の分割を請求することができるとしている。ただし、5年以内の期間を定めて分割しない特約も可能だ（民法256条）。

そこで、永瀬から祥太に対して、3つの共有状態解消方法が紹介される。

永瀬が紹介した3つの共有状態解消方法

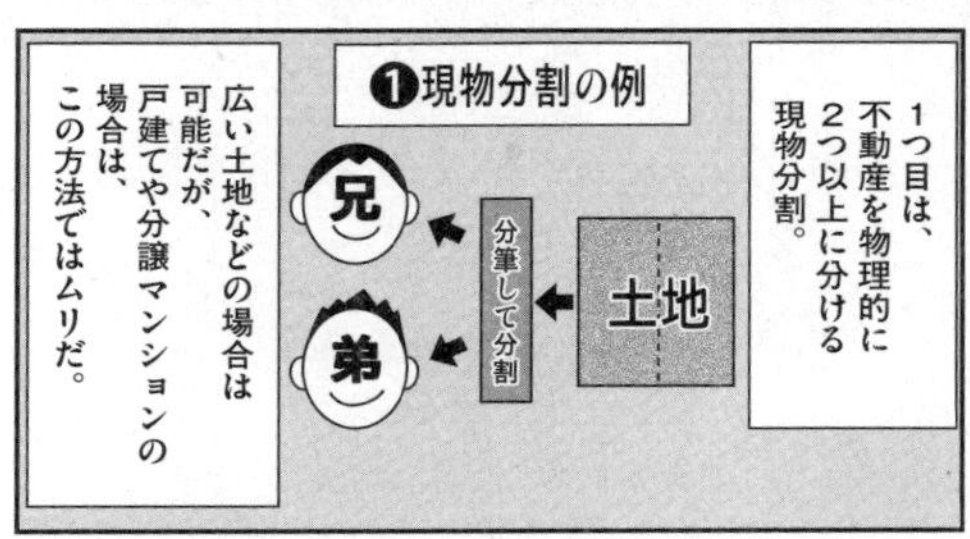

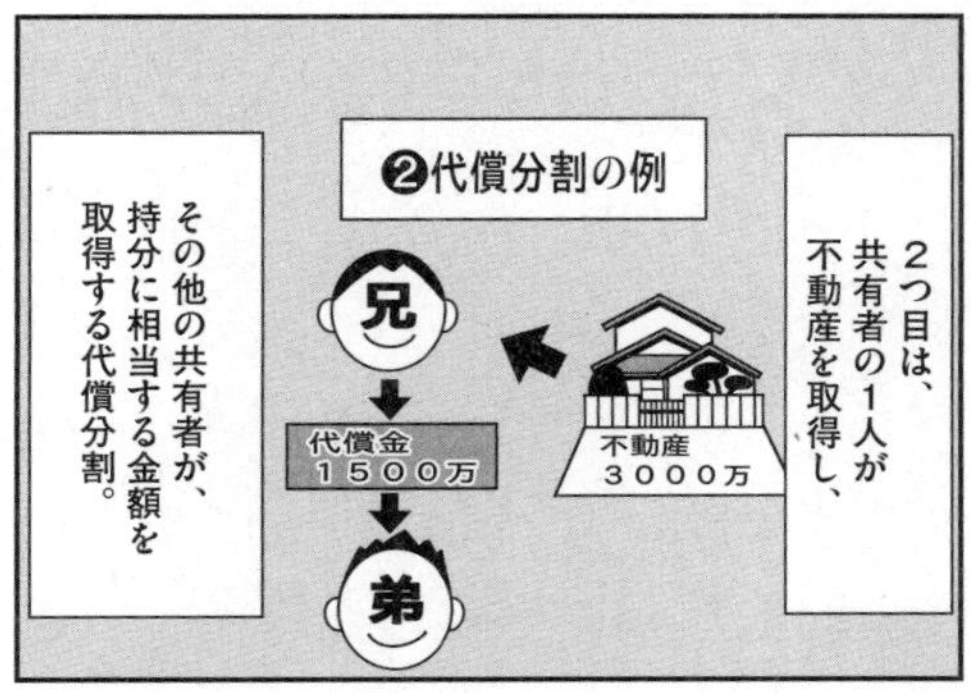

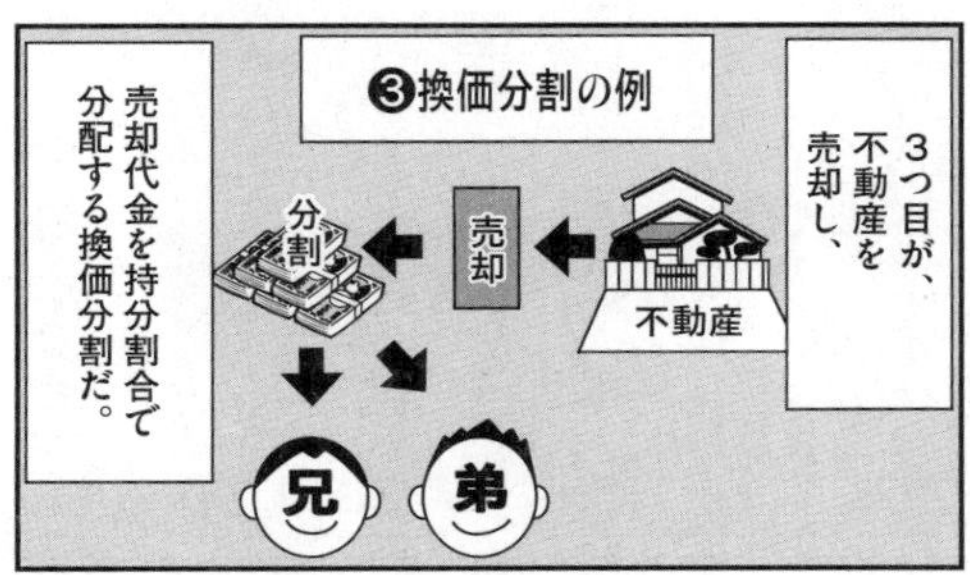

▲宅建試験のテキストでは、②の代償分割は「賠償分割」、③の換価分割は「代金分割」と書かれていることもある。

永瀬が提案した、3つの共有状態解消方法についても、しっくりくるものがなく、どうすればいいか悩む祥太。

後日、弟夫婦が共有物分割協議のために、祥太の住む実家にやってくる。「俺の持分を買い取れないならこの家を売ってくれ」と頼み込む弟に対し、祥太は頑として首を縦に振らない。

自分が正社員を辞め、脳卒中で倒れた父親の介護をしてきたことなどを理由に「家は絶対に売らないからな」と宣言する。

しかし、2人の会話を横で聞いていた永瀬が、不動産屋として放った、正直な一言は——。

共有物分割請求の結末

訴訟に発展した場合のリスクを説く永瀬。兄弟でいがみあった結果、家を手放すことになるだけでなく、市場価値より低い額しか手に入らず、損をして終わる。いずれにしても家を手放さなければならないなら、訴訟になる前に売却したほうがよい、というのが、永瀬が売却を勧める理由なのだ。

結局、どうあがいてもこの家を手放すことは避けられない。
しかも、3千万の市場価値がある物件が、競売では約6割――
1800万程度にしかならないんだぞ。
!
本来、一人1500万――
手に入るはずだったのが、
900万にしかならないんだ。
祥太、この家を残すのは諦めるんだ。

共有はトラブルのもと！

永瀬から、家を残すことを諦めるように諭された祥太。それでも、物件売却を拒否したことで、兄弟の話し合いは平行線のまま終わる。

その後、困り果てた弟夫婦は、自分の共有持分だけをミネルヴァ不動産に売却しようとする。このように、１人の共有者が自分の共有持分を売却するというケースはあるのだが、売却価格はかなり安くなる傾向にある。また、知らないうちに赤の他人との共有状態が発生し、トラブルに巻き込まれる、という事態にもなりかねない。

この先を心配した永瀬は、共有持分を売ることのリスクを兄弟に説明する。最終的には「兄弟なんだ、仲よくしろよ」という永瀬の一言がきっかけとなり、祥太は窮地の弟を助けるために、家を売る決断を下す。

共有財産の場合、このストーリーのように、共有者同士の意見が異なることで、トラブルが起こりやすくなる、ということも頭の片隅に入れておきたい。

問題

各共有者は、他の共有者の同意を得なければ、共有物に変更（その形状又は効用の著しい変更を伴わないものを除く。）を加えることができない。

令和２年（12月）・問10-２（改）

解答・解説

各共有者は、共有者全員の同意を得なければ、共有物に変更（重大変更）を加えることができない。物件の売却、増改築の場合も同じ。

ああ。
物件の売却だけじゃない、増改築だって共有者全員の同意が必要なんだ。
必然的にいざこざが生じやすい。
だから、共有者には共有状態を強制的に解消する権利がある。

宅建豆知識

共有物の保存、管理、変更行為

共有物の保存や管理、変更をするにあたり、共有者の意思が必ずしも一致するとは限らないため、行為の種類により、共有者が受ける利害や影響の度合いに応じて、民法で必要な持分の割合が定められている。今回のように、共有不動産を売却する場合は、共有物の「変更行為（重大変更）」にあたるため、共有者全員の同意が必要になる。

●共有物の保存、管理、変更行為のまとめ

行為の種類	具体例	実施の方法
保存行為	共有物の修理、妨害の排除など	各共有者が単独でできる
管理行為	共有物の軽微変更や賃貸借契約の解除など	持分の過半数の同意が必要
変更行為	共有物全体の売却、共有建物の改築・重大変更など	全員の同意が必要

出題傾向 共有が出題される頻度はそう高くないが、令和５（2023）年に改正されたため、今後は注意したい。また、学習する範囲は狭く、得点しやすい項目だといえる。今回紹介している知識を押さえておくと、共有については理解しやすくなるだろう。

スゴ知識②

不動産物権変動

（二重譲渡・民法）

第三者に所有権を主張するには、登記が必要

『正直不動産』
第91・92直
「二重譲渡」
（単行本第12集）

不動産物権変動とは、所有権や地上権といった権利（物権）が発生・変更・消滅すること。不動産の取引に当事者以外の第三者が登場したときに、所有権を主張するには登記が必要になる。今回は、月下たちが巻き込まれた不動産の二重譲渡の事件をもとに、学んでいこう。

■今回のストーリー

月下は懇意にしている地主から、西荻窪のビルの売却を考えている横島を紹介される。好条件の物件で、月下の商談も順調に進む。しかし、横島の態度に不穏な空気を感じた永瀬が、月下に登記について確認したところ……。

ちょうどよかった。
西荻窪のビルを売ろうと思っていて、
仕事ができる不動産屋を探してたんですよ。
地主
横島 心平(64)
ただ、横島さん、少しでも早く売りたいらしく、
一般媒介契約で行きたいと。
スピード勝負になるな。
すぐにミネルヴァ不動産だって、嗅ぎつけるだろう。
よし、俺と岩沢も買い手探しを手伝うぞ。
……

売買契約の後に登記をするつもりが……

地主の横島から、JR西荻窪駅から徒歩3分という好条件の中古ビルの売却を依頼された月下。少しでも早く売りたいという横島の希望で、一般媒介契約となった。

宅建業法の「媒介契約」（90ページ）でも紹介するが、「一般媒介契約」とは、不動産の売主や買主といった依頼者が、複数の宅建業者に仲介を依頼で

ビルを購入する投資家の白井さんは、購入価格を1億1000万とする買い付け証明書に署名押印。

そして、契約締結日は1週間後に決まった。

1週間後

応接室

そうですか、ケーキ屋を始めるおつもりなんですか。

きる方法なので、宅建業者同士の競争となる。

月下が積極的に営業を掛けたところ、投資家の白井からの購入希望があり、商談は順調に進む。

ビルの購入価格は1億1000万円となり、無事、契約締結日を迎える。契約の場には月下の上司でもある永瀬も同席したが、永瀬は横島の語り口に嫌な予感を覚える。

1億1000万のビルを両手取引で——
仲介手数料は物件価格の3%+6万+消費税だから、
双方から369万6千円ずつか。
やりますねえ、月下さん。
運がよかっただけです。
16
なんだ?この違和感は……
……
そうか、似てるんだ。
売り主・横島さんの語り口が、嘘をつきまくってたころの俺の話し方に。

嘘つきは、自分が嘘をついていることを知っている。
だから、真実味を帯びさせようと余計なことまで語り、饒舌になる。
未来ある若者にチャンスを与えられるのなら、
あのビルを白井さんに譲れて、本当によかった。
……
嫌な予感がする。
月下、最後まで気を抜くなよ。
え？
あ、はい。
でも、契約も中間金の振り込みも無事終わったわけですし。
だが、登記はまだだよな？
…え、ええ。
来月の決済の際に行います。
……

その一方で、初めて1億を超す額の取引に喜ぶ月下。

今回の月下の取引では、売主と買主を自分で見つけているため、双方から仲介手数料を得られる（宅建業法の「報酬」（144ページ）で解説する）。

月下と岩沢が喜んでいる横で、永瀬は、「横島さんの語り口が嘘をつきまくっていたころの俺の話し方」に似ていると不安を募らせ、月下に登記はどうなっているかと尋ねる。

登記は「来月の決済の際に行います」と言う月下だったが、永瀬が念押ししてくるため、もう一度登記を確認する。すると、登記は横島ではなく、株式会社カツ丼屋になっていることが発覚する。登記とは、ざっくり言うと、不動産に関する権利などを確認できる記録のことだ。

ここで、横島が買主2人に同じビルを売ったという「二重譲渡」の事実がわかり、永瀬の嫌な予感はみごとに的中してしまう。

私の初めての大きな成約なのに――
永瀬先輩は褒めてくれないいし、
あんまり喜んでもくれないんだ。
……わかりました。
そこまで言うなら、
もう一度登記を確認します。
カタカタカタ
え!?
どうした？
登記が、売り主の横島さんでなく、
「株式会社カツ丼屋」になってます。
「株式会社カツ丼屋」って、今、店舗数を激増させてる飲食店のことですよね？
……どうして、こんなことに
考えられるのは、一つ。

二重譲渡の対抗要件は登記

「二重譲渡」は、宅建試験の民法の重要項目として取り上げられることが多い。

今回のストーリーでは、売主の横島が投資家の白井と売買契約を交わしたビルを、その後、株式会社カツ丼屋に譲渡していた、という状況だ。

二重譲渡の場合、不動産の所有権を第三者に主張するには、登記が必要となる。このストーリーで第三者の関係となるのは、白井と株式会社カツ丼屋だ。

「不動産の譲渡は登記によって対抗要件*を備えるため、最終的な譲受人となるのは先に登記した

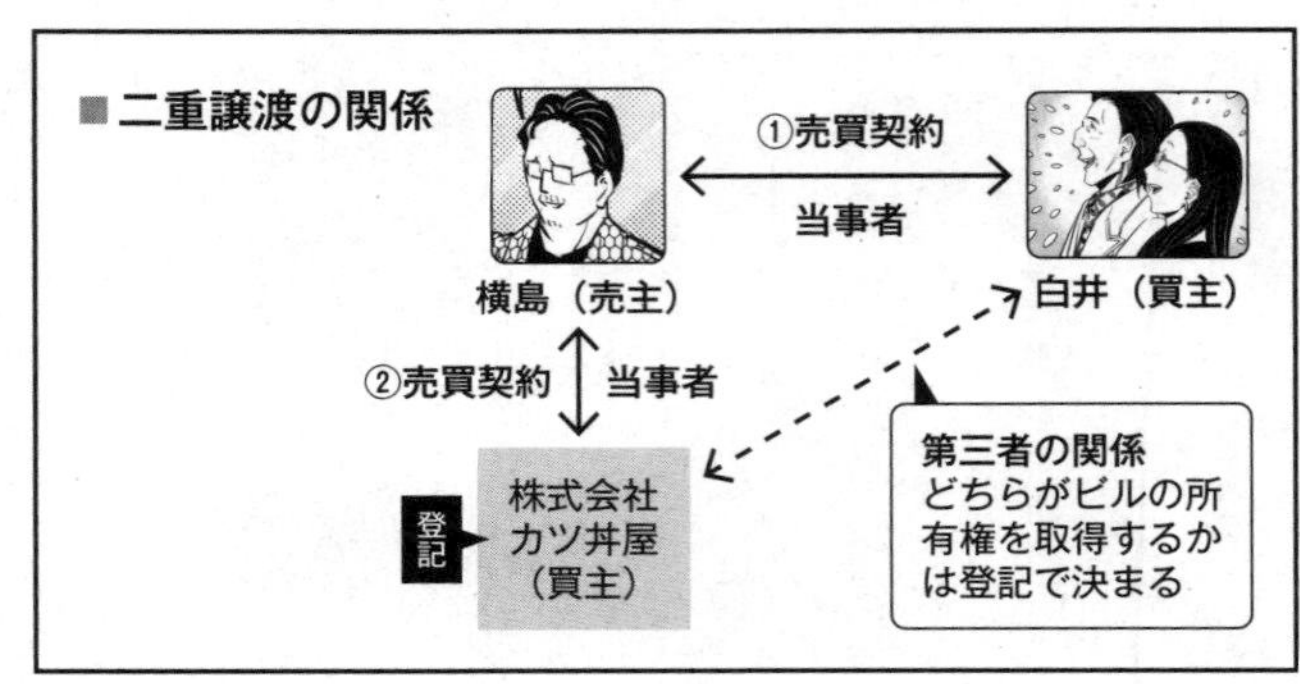

二重譲渡ってやつだ。
横島さんが白井さんにビルを譲渡する契約を結んだ後、
同じビルを第三者たる株式会社カツ丼屋に譲渡したんだ。
この場合、あの物件が誰のものになるかわかるよな?
!
!
不動産の譲渡は、登記によって対抗要件を備えるため、
最終的な譲受人となるのは、
先に登記した者——
そうだ。
月下、行くぞ。
売り主の横島さんに、事情を聞きにいく。
…はい。
ガ
タッ

19

者——」

＊当事者間での権利関係を第三者に主張するための要件。

月下の言うとおり、今回は登記を備えている株式会社カツ丼屋が所有権を主張できる。

二重譲渡が発覚し、永瀬が事情を聞きに横島を訪ねると、やはり「不動産は登記した者が権利者だろ」と言われる。

漫画内でも繰り返し登場しているが、二重譲渡がなされた場合は登記しているほうが所有権を主張できる、ということは基本中の基本なので理解しておこう。

ど、どうしておまえが!?
仕事です。
ブローカーとして、株式会社カツ丼屋から「西荻窪で新店舗を開店させるための物件を探してくれ」と依頼され、
あのビルを紹介したまでです。

……でも、

あの西荻窪のビルは、私たちが先に契約を――

それは知らなかったですね。

他にも交渉中の買い主候補がいると横島さんに言われたので、それ以上の条件を提示したまでです。

まさか、二重譲渡だったとはね。

悪かったよ。

桐山さんからもっといい条件を提示されて、魔が差したんだ。

二重譲渡だと知っていて、取引したらどうなる?

今回の二重譲渡のもう一方の相手「株式会社カツ丼屋」のブローカーは、永瀬の元同僚桐山だった。しかし、桐山が「まさか、二重譲渡だったとはね。」と話しているように、相手側（株式会社カツ丼屋）は、横島が先に投資家の白井にビルを売っていたことについて、知らなかった（善意）ことがわかる。

これでもし、株式会社カツ丼屋が、横島のビルを白井が購入していたことを知りながら（悪意）、横島のビルを購入した場合はどうなるか。

その場合でも、登記を先に備えたほうが、所有権を主張できる。ただし、詐欺や強迫などをして、もう一方の買主の登記の申請を妨げたりすると、事実を知っていて、わざと相手に嫌がらせをした人（背信的悪意者）となり、所有権を主張できなくなる。

問題

Aが所有する甲土地をBとCとに対して二重に譲渡してBが所有権移転登記を備えた場合に、AC間の売買契約の方がAB間の売買契約よりも先になされたことをCが立証できれば、Cは、登記がなくても、Bに対して自らが所有者であることを主張することができる。

平成24年・問6-3（改）

解答・解説

二重譲渡の場合、先に購入したほうではなく、先に登記を備えたほうが所有権を主張できる。

A

宅建豆知識

二重譲渡

Aが持っている土地をBと売買契約した後、Cとも売買契約したケースのこと。つまり、1つの土地や建物を2人の相手に売買したことをいう。

●二重譲渡の関係

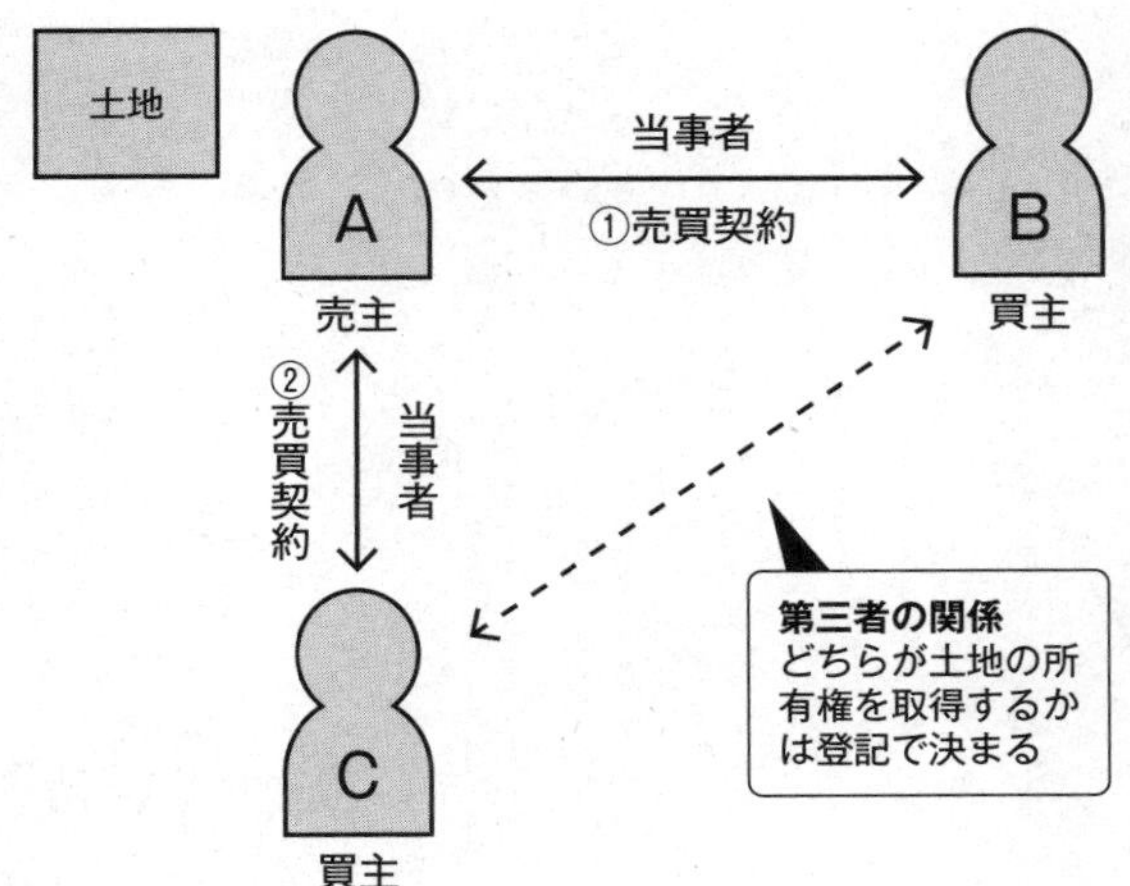

当事者間	AとB、AとCは当事者の関係となり、契約が成立すれば、登記がなくてもBとCはAに対して所有権を主張できる。
第三者間	Aから同じ不動産を購入したBとCの関係は、第三者の関係となる。この場合、先に登記をしたほうが所有権を主張できる。

出題傾向 宅建試験では、今回のストーリーのような事例を使った問題が頻出なので、登場する人物の関係性を理解しながら、問題文を読み進めていく力が求められる。

スゴ知識③

契約不適合責任

（民法）

買った物などが契約内容に合わない場合、売主が買主に対して負う責任

購入した物件に住んでみたら、雨漏りがする、トイレが壊れていたといった不具合がある場合、買主は損害賠償や契約解除などの方法で、売主の責任を追及できる。

『正直不動産』
第87・88直
「契約不適合責任」
（単行本第11・12集）

■今回のストーリー

永瀬の後輩の岩沢が、吉祥寺の中古マンションの購入申込みを受けることになった。永瀬は、契約書の写しをどのタイミングで購入者に渡すか確認したうえで、契約書のある条文について、岩沢に修正するよう提案するのだが……。

特約があると、契約不適合責任を負わなくてもよい

左ページでは、岩沢が売ろうとしている中古マンションの契約書に「付帯設備部分について契約不適合責任を負わない」という条文が記されていることがわかる。

契約不適合責任とは、**売主が引き渡した物件などに契約内容に適合しないキズや故障などの欠陥があった場合、契約内容と違う目的物を引き渡したということで、売主が買主に対して負う責任**のことだ。

もし、「契約不適合責任を負わない」という条文が契約書内に記載されていると、購入した物件の排水管に不具合があったり、雨漏りがあったりなどした場合でも、買主は売主に対して修理や損害賠償などの責任を追及できなくなってしまう。

明日の
購入申し込みが
終わった段階で
お渡ししようかと。
そっか。
契約書の
この部分
なんだけど、
この、
「付帯設備部分について
契約不適合責任を
負わない」って条文――
変えて
くれない
かな。
付帯設備部分について
契約不適合責任を負わない
でも、それは
売り主の
栗山さまの
要望で。
わかるよ。
でも、あの部屋、
水回りの水圧が
弱い箇所が
あったよね？

付帯設備部分について
契約不適合責任を負わない
栗山さんを
説得して、
水圧の弱い箇所を
修繕した上で、
「付帯設備部分に
ついては、引き渡し後
3か月を経過した後は
契約不適合責任の
適用外とする」
という条文に
修正してくれないか。

……

今回のストーリーでは、中古マンションの売主の栗山が、「付帯設備部分について契約不適合責任を負わない」という一文を契約書に入れたいと希望を出している。

漫画ではここで、

「でも、あの部屋、水回りの水圧が弱い箇所があったよね？」

と、永瀬の鋭いツッコミが入る。

つまり、買主側に隠しておきたい不具合が、この物件にあると、永瀬は気になっているのだ。

この契約不適合責任については、左ページでも説明されているように、改正後の民法（令和２（２０２０）年４月施行）により、売主の負う責任の規定が大幅に見直しされている。

しかし——
この間の民法改正で、
売買における売り主の瑕疵担保責任の規定が大幅に見直されたのは知ってるよね。
はい。
〝瑕疵〟という文言が使われなくなり、「契約内容に適合しないもの」という文言に改められています。
売り主の責任を追及できる、住宅の不具合の対象や期間が増えて、
損害賠償請求、契約解除だけでなく、
追完請求や代金減額請求もできることになりました。
そう。
要は、契約書がすべてってことだ。

買主が売主に請求できる権利とは

売買の目的物が、種類、品質、数量、権利に関して契約の内容に適合しない場合は、買主は売主に責任を追及することができるというのが民法上のルールだ。

まず、契約内容に適合しない例をざっと紹介しておこう。

【例】

種類の不適合：バス・トイレのメーカーが、買主が指定していたメーカーと違う

品質の不適合：トイレや換気扇が壊れていた

数量の不適合：照明器具を3つ頼んだのに、2つしかなかった

権利の不適合：購入した土地に、本来ないはずの抵当権がついていた

こうした不適合があった場合に、買主は売主に対して、次の請求などができる。

①追完請求：不適合があった部分の修補や、代替物の引渡し、不足分の引渡しによって、契約内容を守ってもらうよう請求ができる。

②代金減額請求：買主が相当の期間を定めて①の催告をし、期間内に①の請求内容が守られなかったら、不適合の具合に応じて代金の減額を請求できる。履行の追完ができない、売主が履行の追完をハッキリ拒否した場合などは、①の催告をせずに、代金減額請求ができる。

③損害賠償請求：①や②の請求ができる場合であっても、売主側の債務不履行があった場合に、「お金を払ってください！」などの損害賠償請求ができる。

権利関係

宅建業法

法令上の制限

税・その他

そこに
書いてあることと
違うことがあれば、
売り主が負担しろ。
負担しないなら
契約解除も
可能ってこと。
つまり、
買い主が
有利に
なった。
……
だったらって
ことで、
売り主は、契約書に
こそっと条文を
忍ばせる。

付帯設備部分について
契約不適合責任を負わない

14

不動産屋は
どうしたって
売り主と買い主
だったら売り主に
肩入れするから、
追加した
条文のことは
説明
しなかったり、
触れても
サラッと
だったり
そういうやり方、
俺は
フェアじゃないと
思うんだ。
……

④契約の解除：売主側に責任がなくても、不適合があれば契約の解除ができる。

要するに、契約書に書いてある内容と違うことがあった場合は、売主に責任を追及できるというわけだ。加えて契約解除も可能になっているため、買主にはより有利な規定になっていると考えられる。

その一方で、売主は、契約不適合責任を負わないという特約をつけることが可能となっている。契約書に「契約不適合責任を負わない」という条文を入れておき、買主の合意を得られれば、後で、買主から「トイレが壊れているので、修理してほしい！」と請求されたとしても、売主は拒否できる、というわけだ。この場合は、買主が修理費用を負担することになる。

ただし、売主が知っていて買主に告げなかった事実等があった場合には、売主が責任を負うことになる点に注意したい。

権利関係

宅建業法

法令上の制限

税・その他

契約書に、ちょっとわからない条文があったので、
説明してほしかったんです。
葛西さま、なんなりとお聞きください。
契約書のどの部分でしょう？
えーと、この部分です。

付帯設備部分について
契約不適合責任を負わない
岩沢、書き直してなかったのか。

結局、岩沢は、永瀬が自分の成約を邪魔しようとしていると思いこみ、条文を書き直さずに買主の葛西に渡す。しかし、後日、問題の条文について葛西から説明を求められることになる。

永瀬は正直に、トイレに不具合があり、この契約書に署名捺印してしまうと、修理になった場合、買主の負担になることを葛西に伝える。

葛西のように、契約書の内容をちゃんと確認し、わからない条文について、宅建業者に詳しい説明を求めることが

できればよいが、そこまで気づかずに見落としてしまうケースも、実際には多い。

民法の規定の多くは任意規定

民法の契約では、規定の多くが「強行規定」（内容を変更することが認められない規定）ではなく、「任意規定」となっている。

任意規定とは、当事者が納得して取り決めていれば、民法の規定よりも契約書

※当事者間の取り決めのこと。

に書かれている特約の内容が優先される規定のことをいう。

そのため、契約書に「付帯設備部分について契約不適合責任を負わない」という条文内容を、売主と買主の当事者同士が納得して取り決めていれば、その特約は有効となる。ただし、特約といっても民法90条に定められている、公序良俗に反する契約（例：犯罪を請け負う契約）などは無効となる。

このように、民法では「任意規定」があることも理解しておきたい。特約内容を理解しないで契約書に署名捺印してしまうと、契約内容に合意したこととなり、あとで痛い目にあうこともある。

永瀬の「要は、契約書がすべてってことだ。」というセリフには、契約書の内容は任意規定が含まれているため、しっかり精査しなければならない、というメッセージとも受け取れる。

権利関係

宅建業法

法令上の制限

税・その他

問題

ＡがＢにＡ所有の甲自動車を50万円で売却する契約を締結した。民法の規定によれば、Ｂが甲自動車の引渡しを受けたが、甲自動車のエンジンに契約の内容に適合しない欠陥があることが判明した場合、ＢはＡに対して、甲自動車の修理を請求することができる。

令和３年（10月）・問７-１（改）

解答・解説

売買契約で引き渡された目的物（車や土地・建物など）の種類、品質、数量、権利に契約不適合があった場合は、買主は売主に対して、修補や代替物の引渡し、不足分の引渡しによる履行の追完を請求できる（本問の場合はエンジン（品質）の不適合にあたる）。

売り主の責任を追及できる、住宅の不具合の対象や期間が増えて、
損害賠償請求、契約解除だけでなく、
追完請求や代金減額請求もできることになりました。

権利関係

宅建業法

法令上の制限

税・その他

宅建豆知識

契約不適合責任

売主が引き渡した目的物などにキズや故障などの欠陥があり、契約内容に適合しない場合は、買主は売主に対して、次の表にある請求をすることができる。なお、契約不適合責任を「担保責任」ということもある。

●契約不適合責任（売主の担保責任）

目的物の種類・品質・数量が契約内容に適合しない場合	①履行の追完請求 ⇒目的物の修補、代替物の引渡し、不足分の引渡し
	②代金減額請求
	③損害賠償請求
	④契約の解除
権利が契約内容に適合しない場合	例：購入した土地に抵当権などの権利がついていた 権利が契約内容に適合していない場合 購入した土地の一部が他人のもので取得できない など ⇒この場合は、上記の①～④の請求が可能

※原則として、買主が不適合を知った時から１年以内に売主に通知しないと、①～④の請求はできない。

出題傾向 売主の担保責任の内容については、毎年のように問われているので、しっかり覚えておく必要がある。

定期建物賃貸借契約

（借地借家法）

契約期間が満了になったら、契約が終了する建物賃貸借契約のこと

借地借家法は、土地や建物の借主を保護するための法律で、民法の賃貸借の規定よりも優先して適用される。今回は、宅建試験でもよく問われる、借地借家法の「定期建物賃貸借契約（定期借家契約）」を解説しよう。

『正直不動産』第137・138直「定期借家契約」（単行本第18集）

■今回のストーリー

永瀬のもとに一本の電話が入る。まだ永瀬が嘘をついて契約をとっていた頃に、高円寺の定期借家契約のアパートを紹介したフリーターの山口ヒロトからだった。

電話は、「定期借家住宅契約終了のお知らせ」が届いたことへの問い合わせだったのだが……。

定期建物賃貸借契約に更新はない

フリーターの山口が借りているアパートは、借地借家法による定期建物賃貸借契約（定期借家契約）だった。これは、契約期間が満了となると、契約が終了となるタイプの契約で、更新はされない。

山口の契約期間は3年だったが、定期建物賃貸借契約の場合、契約期間が1年以上だと、貸主（賃貸人）から借主（賃借人）に対し期間満了の1年前から6カ月前までの間に、契約期間が終了する旨の通知を行う。

この通知が郵便で届き、事情をよく理解できていない山口が、怒って永瀬に電話をかけてきたのだった。

今借りているアパートに住み続けたい、と主張する山口。

しかし、定期建物賃貸借契約では、貸主の合意がないと、再契約はできない。ちなみに、**定期建物賃貸借契約を交わす場合、事前に貸主から借主に対して「更新がなく、契約期間満了により契約が終了する」旨を記載した書面（PDFファイルなどの電磁的記録でも可）を契約書とは別に交付して、説明する必要がある。**

永瀬の「契約期間が決まっていることは書面でも説明しています」というセリフは、この事前説明の書面のことを指している。

電話口で説明しても、なかなか事情を理解してもらえないため、永瀬は山口の家を訪ね、説得を試みる。

普通建物賃貸借契約と定期建物賃貸借契約の違い

左ページで永瀬が借家の賃貸借契約について、2種類あることを説明している。1つ目は「普通建物賃貸借契約（普通借家契約）」で、2つ目が先ほども説明した「定期建物賃貸借契約」となる。この2つが、借地借家法で定められている。

普通建物賃貸借契約は、契約更新が可能となる点が、定期建物賃貸借契約と異なる。契約期間は何年でもよく、期間を1年未満と定めると、期間の定めのない賃貸借契約となるが、いずれの場合においても、貸主からの解約申入れをするときには、貸主側の正当事由が必要となる。正当事由は、当事者の事情、建物の利用状況や現況など、さまざまなことを考慮して判断をするため、ハードルが高く、よほどのことがない限り認められない。

俺は、ここに住み続けたいんだ。
家賃も安いし、バイト先のコンビニもライブハウスも近いから。
……
改めてご説明させていただきますが、
賃貸借契約というのは、2種類あるんです。
1つ目は普通借家契約。
契約の更新が可能な契約で、
基本的に、解約の手続きをするまで同条件で更新され続けます。
2つ目は、山口さまの契約タイプである定期借家契約。
賃貸借期間が終了したら、契約は終了。
更新したい場合には、新たに契約をし直す必要のある契約です。
じゃあ、契約し直そうぜ。
――ですから、
それは……

このように普通建物賃貸借契約は、貸主が解約したくても、そう簡単に解約できないため、貸主に条件が厳しい契約となっている。

その分、借主の権利が保護されているのだ。

定期建物賃貸借契約は貸主に有利

定期建物賃貸借契約は、契約更新がないうえ、1年未満での契約も可能

定期借家契約ってのは、貸し主に有利。
あなたみたいなトラブルメーカーを追い出すのに、
最適ってことです。
な…なんだと!?
だって、近隣からの苦情15回!!
この2年半で家賃滞納8回!!
十分、トラブルメーカーですよ。
ドン
こうなりゃ、とことんトラブルメーカーになってやる。
ドン
何があっても出てかねえからな。

だ。だから、山口のような迷惑な住人がいても、更新をせず、契約期間が終了したら出ていってもらえる、という貸主にとってのメリットもある。

契約の中途解約は、**借主から**の申入れにより、床面積が200㎡未満の居住用建物で、転勤や療養、親族の介護などのやむを得ない事情で暮らせなくなった場合に可能となる（解約の申入れの日から1カ月経過すると、契約は終了する）。

問題

賃貸人Ａと賃借人Ｂとの間で締結した居住用建物の賃貸借契約に期間を定め、賃貸借契約を書面によって行った場合には、ＡがＢに対しあらかじめ契約の更新がない旨を説明していれば、賃貸借契約は期間満了により終了する。

令和２年（12月）・問12-３（改）

解答・解説

定期建物賃貸借契約の場合、貸主（賃貸人）から借主（賃借人）に対して、契約書とは別の書面（電磁的記録でも可）で、契約更新がないことを事前説明する必要がある。

宅建豆知識

定期建物賃貸借契約

借地借家法に登場する、借家契約の種類の１つ。契約期間が定められた建物賃貸借契約で、契約満了となると、契約は更新されずにそのまま終了となる。貸主（賃貸人）に有利な契約でもあるが、契約するうえでルールが設けられている。

●定期建物賃貸借契約のルール

契約期間など	更新はなく、契約期間満了で終了する ※契約期間は１年未満でも可
契約時の要件	①公正証書等の書面（または電磁的記録）での契約 ②賃貸人から賃借人に対し、更新がない旨を記載した書面（または電磁的記録）を事前に交付して説明する必要がある
解約時の要件	賃借人からの解約申入れとなる。床面積が200㎡未満の居住用建物で、転勤や療養、介護などのやむを得ない事情により使用することができなくなった場合にできる。解約申入れから１カ月を経過すると契約は終了。
契約終了通知	賃貸借期間が１年以上の場合は、賃貸人は契約期間満了の１年前から６カ月前までの間に、賃借人に対し、契約が終了する旨を通知する
借賃増減請求権	賃料の改定についての特約があると、借地借家法の借賃増減請求権は適用されない（特約が優先となり、賃料の減額ができないこともある）

出題傾向▶ 宅建試験の借地借家法の借家の問題では、毎年のように出題されている、超頻出項目がこの「定期建物賃貸借契約」。ストーリーに登場する「契約更新がない」ということや、契約をするうえでのルールを必ず押さえておきたい。

スゴ知識⑤

集会

（区分所有法）

分譲マンションの管理について、区分所有者の意思確認をする集会

『正直不動産』
第69・70直
「搾取マンション」
（単行本第9集）

区分所有法（建物の区分所有等に関する法律）とは、分譲マンションの管理に関する法律と考えておこう。

分譲マンションでは1つの建物に複数の住戸があり、それぞれ所有者が異なる。各住戸の所有者を「区分所有者」と呼ぶが、区分所有者は、年に1回は必ず開かれる「集会（総会）」に参加することになる。

■今回のストーリー

永瀬の中学時代の同級生、津森彰が自宅マンション・スクイーズ押上の売却を依頼しに来た。このマンションは、かつて津森が永瀬に勧められて購入した物件だった。しかし、もともと高かった管理費がさらに値上がりしていたことが発覚し……。

区分所有者は必ず管理組合の一員となる

かつて、永瀬は中学時代の同級生の津森にマンションを仲介した。当時の永瀬は、嘘をついて営業していたので、津森から「少し管理費が高い」と言われても、「マンションでは管理費が高いことは反対に管理が行き届いているということだ」と言って、管理費が高い原因を突き止めずに購入を勧めていたのだ。

当時、永瀬が津森に購入を勧めていた場面では、マンション管理について説明をしている。ここでは、管理費と修繕積立金について説明されているほか、区分所有者が管理組合の一員になることについても触れている。

なお、区分所有者とは、分譲マンションの個々の住戸の所有権を持っている人のことをいう。

権利関係
宅建業法
法令上の制限
税・その他

共用部分とは、マンションの住戸以外のエントランスや廊下、エレベーターなど、マンションの住人が共同で使うスペースや設備のことだ。原則として区分所有者全員が共有していることになるため、共用部分の管理(例:エレベーターのメンテナンスなど)は、区分所有者が行わなければならない。

とはいえ、共用部分の管理は、建築や電気・設備関連の専門知識が必要となるため、素人だけで管理するのは大変だ。そこで、多くのマンションの管理組合が、共用部分の管理を管理会社に依頼しているのが現実だ。

管理組合員の意思確認の場が「集会」

分譲マンションでは、年に1回以上、マンションの管理に関する区分所有者の意思確認を行うため、集会（漫画内では総会）を開くことが区分所有法で定められている。

この集会の場で、ペットの飼育や騒音問題など、住人間でのトラブルを防ぐために守るべきルール（管理規約）をはじめ、共用部分の管理、建物や設備の修繕、管理費などについて区分所有者が議題にそって決めていく。

今回のストーリーでは、永瀬がスクイーズ

押上の管理組合の「総会議事録」を確認したことで、管理費の値上げの裏にある意外な事実が発覚する。なお、ここに登場する集会の議事録（漫画では総会議事録）とは、集会で決めた議題や話し合った内容等についてまとめられた書面のことだ。議事録は、集会の議長が必ず作成し、議長と、集会に出席した区分所有者の２人が署名しなければならない（ＰＤＦファイルなどでの作成可）ことが区分所有法で決められている。

集会を開くには

集会は、少なくとも年に1回以上開かなくてはならず、管理者（通常は管理組合の理事長）は、会議の目的たる事項（決議する議題）を示して、集会を開く日より少なくとも1週間前までに、各区分所有者に通知する。

通知の際には、出席の有無を確認する書類のほか、委任状や議決権行使書なども同封する。集会に出席できない区分所有者は、この委任状か議決権行使書のどちらかを選んで提出することになる。委任状で同居している家族を代理人として指名したり、議長へ委任したりするケースなどがある。一方、議決権行使書では、集会の議題について「賛成」か「反対」のいずれかを選択し、自分の意思を伝えられるようになっている。

集会の決議

集会が開かれると、議題を決するにあたり、「普通決議」と「特別決議」のどちらかの方法がとられる。

普通決議とは、例えば、共用部分の軽微な変更（例：防犯カメラ、防災灯の設置工

去年、さすがにおかしいと気づいた住人の一人が、
管理費減額の議案を提起している。
ガラ
ガラ
ガラ

ゴロ
ゴロ
ゴロ
去年の定期総会、彰は出てないだろ?
出張が入ってたから、委任状を提出した。
でも、当然、賛成多数で可決したんじゃ?

それが――
多数否決されてる。

おかしいだろ!?
俺もそう思った。
管理組合理事長の2割が、なんらかの横領をしてるなんてデータもあるぐらいだ。
このマンションも、ブラック理事長が管理会社と結託してんのかと思ったら、
そんなチンケな話じゃなかった。

事）や管理といった議題を、各区分所有者および議決権の各過半数で可決することをいう。

特別決議とは、例えば、規約の設定、変更、廃止や共用部分の重大変更といった重大な議題を、各区分所有者および議決権の各4分の3以上で可決することをいう。なお、特別決議であってもマンションの建替え決議は、区分所有者および議決権の各5分の4以上になる点に注意したい。

＊議決権は、各区分所有者が持つ専有部分（区分所有者の住んでいる住戸）の床面積の割合となる。

ちなみに、管理費の増額や減額については、「普通決議」で決する。

今回、スクイーズ押上では、集会の決議（普通決議）を経て、6年の間に2回も管理費が増額されている。おかしいと気づいた住人の1人が管理費減額の議題を提起しても、多数否決されていたのだ。

その原因は、多くの住戸が賃貸に出されていることにあった。

調べてみると、総戸数900のこのマンションは、
独立行政法人の「マイン賃貸住宅」が480戸を所有し、賃貸に出している。
480戸といえば、半数以上だ。
賃借人は、管理組合と無関係で総会には参加しないから、
区分所有者の過半数の票を得るには、
マイン賃貸住宅が賛成することが必須。
……
だが、このマイン賃貸住宅は、管理費減額の議案が出される度に反対してる。
！
それどころか、過去すべての管理費増額を提案しているのがマイン賃貸住宅だ。
マイン賃貸住宅の好きなように管理費が増額され、
区分所有者はそれに抗う手立てがない。
管理費 27,000円
繕積立金 20,300円
いったい何が起こってるんだ？
ガッ

住戸を借りて住んでいる者は、区分所有者ではない！

スクイーズ押上は、総戸数９００のうち、４８０戸が独立行政法人の「マイン賃貸住宅」の所有であり、賃貸に出されていた。

マンションの賃借人は区分所有者ではないので、議決権を持っていない。つまり、管理費の増額・減額について賛成・反対する権利はない。

結局、４８０戸の区分所有者はマイン賃貸住宅となるため、マイン賃貸住宅が「管理費の減額」の議案に反対すれば、普通決議の「区分所有者および議決権の各過半数」という要件をあっさり満たし、否決されてしまうのだ。

つまり、マイン賃貸住宅のように単独で過半数の議決権を持つ区分所有者がいると、管理組合を支配されてしまうことになる。

基本的に、管理組合と管理組合から共用部分の管理を委託されている管理

会社は「利益相反」、どちらかが得をすればどちらかが損をする、という関係にある。

今回は、管理組合と管理会社が結託して管理費の値上げを試みたとも考えられるので、法的には非常にグレーな状態となっている点にも注意したい。

問題

集会の議事は、建物の区分所有等に関する法律又は規約に別段の定めがない限り、区分所有者及び議決権の各４分の３以上の多数で決する。

令和元年・問13-４

解答・解説

集会の議事は、原則として、区分所有者および議決権の各過半数で決する。特別決議事項で建替え決議以外は、各4分の3以上となる。

宅建豆知識

集会

分譲マンションでは、少なくとも年１回は管理者（管理組合の理事長など）が集会を招集し、区分所有者に対して議案の意思確認を行う必要がある。集会で取り上げられた議事は、内容によって普通決議と特別決議のどちらかで決議をする必要がある。

●集会の決議要件

普通決議	原則として区分所有者および議決権の各過半数で決する ・共用部分の軽微な変更　・共用部分の管理 ・管理者の選任、解任　・違反行為の停止の請求訴訟　など
特別決議	**建替え決議** 区分所有者および議決権の各５分の４以上で決する
	特別決議（建替え決議以外） 区分所有者および議決権の各４分の３以上で決する ・規約の設定、変更、廃止　・共用部分の重大変更 ・大規模滅失の場合の復旧　など

出題傾向 区分所有法は、過去問を解いておけば出題パターンはつかめ、得点源にできる。なかでも、今回紹介した集会の招集や決議要件については基本的な知識でもあり、数字の暗記も必要となる。

正直不動産

登場人物の宅建取得エピソード

永瀬 財地 編

『正直不動産』主人公の永瀬財地が宅建を取得したのは、大学時代。取得のきっかけは、現在の勤務先・登坂不動産の登坂社長の一言だった。

▶第６集　第43・44直「任意売却」

永瀬が大学３年生のとき、父親が連帯保証人になっていた父親の友人の会社が倒産し、自宅を任意売却しようと必死になっていた永瀬の前に、登坂社長が現れる。登坂社長は永瀬の自宅の任意売却を手掛け、残債を完済しただけでなく、引越し資金と生活準備金を永瀬の家族に支払った。感謝する永瀬に、登坂社長は「高く売れて一番儲かったのは俺だ。」と答える。そんな登坂社長に永瀬は自分を雇ってくれと頼み込むと、大学在学中の宅建取得を条件提示される。

▲第6集　第43直「任意売却（前編）」

▲第６集　第43直「任意売却（前編）」

登坂社長から出された条件をクリアし、宅建試験に合格した永瀬。合格証書を持って、登坂社長のもとを訪れる。宅建だけでなく、FP3級や住宅ローンアドバイザーなども取得し、本気で登坂不動産への入社を目指していた様子がうかがえる。

宅建業法

不動産取引をする一般消費者を守るための法律を学ぶ

スゴ知識⑥

媒介契約

売主と宅建業者の間で決める、「仲介」（媒介）のルール

『正直不動産』第3・4直「囲い込み」（単行本第1集）

おもに不動産売買の場面で登場するのが、「媒介契約」だ。まずは媒介契約がどのようなものかを知り、3つの種類があることを理解しておこう。媒介契約書の交付は宅建業法で義務付けられている。

来店される笹原夫妻がお売りになりたいマンションは、先日お渡しした資料の通り…
中野駅から徒歩５分、４５００万円で購入した築10年のマンションです。

■ 今回のストーリー

笹原夫妻から、中野駅から徒歩５分の中古マンションの売却依頼があった。できるだけ好条件で売りたいという夫妻に、永瀬は一般媒介契約での売却を勧めるのだが……。

媒介契約とはなにか

媒介契約とは、土地や建物を売りたいまたは買いたい、という人が、宅建業者（不動産業者）に、契約相手を探してもらうときに交わす契約のことだ（一般的には仲介と呼ぶことが多い）。

媒介とは、例えば売買なら買主と売主の間に入って、契約が成立するよう手伝うことだと考えておこう。

※宅建業法では、賃貸借契約の媒介に関しては、媒介契約の締結が義務付けられていない。

契約には、「専属専任媒介契約」「専任媒介契約」「一般媒介契約」の3種類の形があり——
どう違うんですか?
資料をお見せしながら説明させていただきますね、月下、資料を。
はい。

簡単に説明すると、不動産屋一社と契約するか複数と契約するかという違いがあります。

お二人のニーズに合わせて選択するのが賢明です。

なるほど
プッ。

「ニーズに合わせて選択」だと? われながら笑っちまうぜ。

嘘がつけるなら、「お勧めは専属専任媒介契約だ」と断言してるのにな。

媒介契約は3種類ある

今回のように、中古マンションの売却を宅建業者に依頼し、その結果、売買契約が成立すると、売主（依頼者）は宅建業者に報酬（仲介手数料のこと。144ページ参照）を支払うことになる。**報酬の額は、媒介契約の種類によって異なってくるため、最初に売主（依頼者）と宅建業者の間で、媒介に関するルールについて契約書を交わすことが宅建業法で決められている。**

媒介契約には、次の3つがある。

①一般媒介契約：依頼者が同じ物件を、複数の宅建業者に媒介依頼できる。

②専任媒介契約：依頼者が同じ物件を、他の宅建業者に媒介依頼することが禁止されている。依頼者が自分で見つけてきた相手との契約はできる。

③専属専任媒介契約：依頼者が依頼した宅建業者一社としか契約できない。依頼者が自分で見つけてきた相手との契約も禁止。

永瀬さん、われわれにはどの契約が向いているんでしょう？

税金の問題や諸事情から、少しでも早く売りたいのか。

それとも、多少時間がかかってもいいから、なるべく好条件で売りたいかなど笹原さんのお気持ち次第です。

高く売れることに越したことは…

でしたら、お時間とお手間は余計にかかりますが、一般媒介契約をお勧めします。

複数の不動産屋と同契約を結び、比較検討しながらより好条件な売却先を決めることができるので。

俺が上司なら、一般媒介契約なんかを勧める社員がいたら、即刻クビにしてるぜ。

一般媒介契約じゃあ、
他の不動産屋が
より好条件の買い手を
見つけたら、
1円の手数料も入らない。
ただ働きも
いいところだ。
それを避けるために、
まず専任媒介契約か
専属専任媒介契約を
結ぶ。
こっちの契約なら、
マンションがいくらで売れようと
売り手から確実に
手数料が入るからな。
一般媒介契約とは？

その上で、
買い手も自分たちで
見つける…
そうすれば
売り手・買い手両方から
手数料が入る。
なるほど、
私は退職したばかりで
自由な時間もあるしね。
うん、
そう
だな。
ベストな
選択だと
思いますよ。
ベストな選択だと？
失笑を通り越して
泣けてくるぜ。
どこまで
本当のことを話せば
気が済むんだ？
どこまで客想いなんだ。

今回永瀬が勧めている「一般媒介契約」であれば、売主（依頼者）が複数の宅建業者に媒介依頼をできるので、より好条件の買主を見つけるために、宅建業者同士での競争となる。もし、売却を依頼されたとしても、競合他社がいるため売買契約には至らず、宅建業者側は場合によっては報酬を得られない、というデメリットがある。

一方、売主側としては、複数の購入希望者のなかから条件にあった買主を選ぶことが可能になる。また、今回のストーリーのタイトルにもなっている「囲い込み」を防ぐこともできるのだ。

囲い込みとは

永瀬のセリフにもあるように、宅建業者としては、売主（依頼者）から報

酬を確実にもらうために、「専任媒介契約」か「専属専任媒介契約」を結びたいところだ。しかし、嘘のつけない永瀬は、「好条件で売りたい」という笹原夫妻の要望に応えるため、一般媒介契約を勧めていた。

この話を聞いていた永瀬の同僚・桐山は、永瀬と月下を嵌めて、笹原夫妻の物件担当者を自分にしてしまう。

桐山が狙っていたのは「囲い込み」で、売却を依頼された一社の宅建業者のみで情報を独占し、買主を自社で見

当然、桐山は買い手も自分で探す。
売り手と買い手、両者から手数料をもらう。
この業界でいう“両手”ってやつだ。
そうすれば、一つの物件で利益は倍だからな。
それが、笹原さんのマンションの売却額とどんな関係が…
いいか、少しでも高く売りたい売り手と、少しでも安く買いたい買い手――
どうなるか、わかりきってるだろ。
相反する目的を持った二者を、同じ不動産屋が取り持つ。
！
得をするのは、不動産会社だけだ。
どう転んでも、客じゃない。
でも、専任契約を結んだ場合、
不動産会社が※レインズに物件情報を登録するのは義務ですよね。
自社で買い手を見つける前に、希望額で買い手が見つかることだって…
何もわかってないな。
スッ

※不動産流通標準情報システムのこと。

じゃ、笹原さんのマンションにお伺いするための準備があるんで、僕は、これで。

あ、永瀬さん、また僕にできることがあれば、お手伝いさせてくださいね。

笹原さんのマンション、囲い込む気か？

当たり前じゃないですか。

笹原さんの担当に関しては、どうこう言うつもりはない。

だが、少しでも彼らの希望額に沿ってやってくれ。

囲い込み…

それって――

レインズを介して好条件の購入希望者が現れても、「すでに売却が決まった」と嘘をついて門前払い。

その間に、自分たちで購入希望者を見つければ――

つけることで、売主・買主の両方から報酬を得ることだ（両手取引という）。このように、囲い込みが行われると、宅建業者に入る報酬が優先されることになってしまう。

レインズへの登録と契約有効期間

レインズ（REINS= Real Estate Information Network Systemsの頭文字）という国土交通省から指定を受けた指定流通機構が運営する不動産情報システムに物件情報を登録すると、他の宅建業者が物件情報を見られるため、取引相手が見つかりやすくなる。

専任媒介契約、専属専任媒介契約では、宅建業者が依頼を受けた物件情報を、レインズに登録しなくてはならないことになっている。

売主である依頼者は、宅建業者一社にしか媒介を依頼できないため、間口が狭くなるというデメリットはあるが、依頼を受けた宅建業者が依頼者のために素早く営業し、成約してくれる可能性もある。

ちなみに、レインズへの物件情報登録は、専任媒介契約は契約締結の日から休業日を除いた7日以内、専属専任媒介契約は契約締結の日から休業日を除いた5日以内に行うことになっている（105ページ参照）。契約の有効期間については、専任媒介契約、専属専任媒介契約ともに3カ月以内で、この期間を超えることはできない。

一般媒介契約の場合は、レインズへの登録義務も、契約有効期間もない。

問題

宅地建物取引業者Aが、BからB所有の中古住宅の売却の依頼を受け、専任媒介契約（専属専任媒介契約ではないものとする。）を締結した。Aは、当該中古住宅について宅地建物取引業法で規定されている事項を、契約締結の日から休業日数を含め7日以内に指定流通機構へ登録する義務がある。

令和5年・問40-3（改）

解答・解説

専任媒介契約を締結した宅建業者は契約締結日から「休業日を除く」７日以内に、レインズ（指定流通機構）に物件に関する一定の事項を登録しなければならない。

※不動産流通標準情報システムのこと。
でも、専任契約を結んだ場合、
不動産会社がレインズ※に物件情報を登録するのは義務ですよね。
自社で買い手を見つける前に、希望額で買い手が見つかることだって…

宅建豆知識

媒介契約

宅建業者が依頼者から宅地や建物の売買・交換・代理といった依頼を受けて営業活動をするうえで、どのような立場で関わるかによって報酬（仲介手数料）などは変わってくる。報酬を支払ううえでのトラブルなどを防ぐため、媒介契約の種類をあらかじめ依頼者と決め、その内容を媒介契約書に記載し、依頼者に交付することが宅建業法では義務付けられている。媒介契約の種類は３つあり、それぞれルールが異なる。なかでも、専属専任媒介契約は、依頼者は一社の宅建業者にしか媒介を依頼できなくなり、自分で見つけた相手との契約も禁止されるため、宅建業者による依頼者の拘束度合いが強くなる。

●媒介契約の種類と特徴

<table>
<tr><th></th><th>有効期間</th><th>更新</th><th>依頼者への報告の義務</th><th>レインズへの登録</th></tr>
<tr><td>一般媒介契約</td><td>規制なし</td><td>規制なし</td><td>規制なし</td><td>規制なし</td></tr>
<tr><td>専任媒介契約</td><td rowspan="2">３カ月以内（３カ月を超えた定めは３カ月に短縮）</td><td rowspan="2">依頼者から更新の申出がある場合のみ可能（自動更新は不可）</td><td>２週間に１回以上（休業日を含む）</td><td>契約締結日から７日以内（休業日を除く）</td></tr>
<tr><td>専属専任媒介契約</td><td>１週間に１回以上（休業日を含む）</td><td>契約締結日から５日以内（休業日を除く）</td></tr>
</table>

出題傾向 毎年必ず出題されている。特に専任媒介契約、専属専任媒介契約からの出題は非常に多い。今回紹介した媒介契約３種類とその特徴については、必ず押さえておこう。

スゴ知識⑦

建物状況調査

中古住宅（戸建て・マンション）を対象に行う住宅診断のこと

『正直不動産』第25・26直「欠陥マンション」（単行本第4集）

建物状況調査はインスペクションともいう。聞きなれない言葉かもしれないが、建物の屋根や外壁、床下などにひび割れや雨漏りなどの不具合がないかを把握するための調査のことだ。媒介契約書、重要事項説明書、37条書面といった超重要な書面と関連する項目となっている。

■今回のストーリー

月下の父がミネルヴァ不動産から中古マンションを購入しようとしていた。しかし、その物件が欠陥住宅であると予想した永瀬。心配した月下は、永瀬とともに父とミネルヴァ不動産が物件を内見している場に駆け付け、建物状況調査を提案する。

建物状況調査とは

中古住宅（既存住宅）の場合、建物や設備の老朽化などで、購入後に水漏れなどのトラブルが発覚することもある。そこで、あらかじめ売買予定の中古住宅に欠陥や不具合がないかをチェックするのが、建物状況調査（インスペクション）だ。

宅建業法では、平成30（２０１８）年から、既存建物取引時の情報提供の充実に関する規定が設けられ、建物状況調査に関する説明が義務化されている。

※取材協力：さくら事務所／長嶋修

媒介契約書と重要事項説明書37条書面に記載が必要！

建物状況調査が関係するのは、媒介契約締結時、重要事項説明時、売買契約の締結時となり、それぞれの書面に記載項目がある。

媒介契約締結時：宅建業者が仲介（媒介）をする場合は、媒介依頼者が建物状況調査を実施するか、希望があれば、建物状況調査業者のあっせんを媒介契約書に記載する必要がある。

重要事項説明時：買主に対し、売主が建物状況調査を実施の有無を重要事項説明書に記載し、説明する（実施後1年（鉄筋コンクリート造または鉄骨鉄筋コンクリート造の共同住宅等にあっては、2年）以内のもの）。調査結果があれば記載し、説明する。

売買契約締結時：37条書面（契約時に交わす書面）で、建物の基礎と外壁等（建物の構造耐力上主要な部分等）の状況を売主・買主がお互いに確認した結果を記載する。

つまり、媒介契約書、重要事項説明書、37条書面のすべてにおいて、建物状況調査の関連項目があることになる。

建物状況調査は建築士が行う！

建物状況調査を行う資格があるのは、国土交通省が指定した「既存住宅状況調査技術者講習制度」による一定の講習を終えた建築士に限られる。彼らがインスペクター（既存住宅状況調査技術者）となり、第三者の立場から、柱や壁、梁といっ

国が指定した講習を受けた建築士に、
「既存住宅状況調査技術者」って資格が、与えられるのね。
ああ。
彼らは「インスペクター」って呼ばれて、
建物の室内、外回り、天井裏、床下などを調査するの。
建物の状態がわかれば、安心して不動産売買ができるからね。
中古物件は、特に。
そうだな。
それから、調査費用は大体5、6万ほどなんだけど、
引っ越し祝い代わりに、私が出すから。
くるっ
日本では、売り主側から拒否されたら、
調査自体させてもらえません。
そうですね。

た構造部分、天井や内壁など水漏れなどが起きやすい部分、給排水管や換気ダクトなどの配管設備を、壊さずに（壁などに穴をあけることなく）、目視や計測で調査をする。

もし、床をはがしたりする場合は、当然売主の許可も必要となるだけでなく、特別な依頼が必要となる。

建物状況調査は義務ではない

建物状況調査は、売主が事前に行うことはまだ少なく、実際には買主側からの依頼があっ

て、調査を行うことが多い。

国土交通省が発表している「令和5年9月版既存住宅状況調査等の実施状況（消費者向け調査）」では、既存住宅の取引の当事者の売買時の既存住宅状況調査等の実施割合は3割程度とされている。

建物状況調査は、売主、買主のどちらが行ってもよく、費用は行った側の負担となる。しかし、買主が建物状況調査を実施する場合は、売主側の許可が必要となる。

111ページで紹介したコマで月下が、「私が出すから。」と言っているが、今回の事例で

は契約前なので、購入希望者側の負担となっている。実際に月下は、売主側のミネルヴァ不動産に確認したうえで、建物状況調査を実施している。

結果、月下の父親が買おうとしていた中古マンションでは、水漏れが発生していることが判明する。

なお、宅建業法では、建物状況調査についての説明を義務付けてはいるものの、建物状況調査の実施を義務付けているわけではない点も理解しておこう。

問題

宅地建物取引業者が建物状況調査を実施する者のあっせんを行う場合、建物状況調査を実施する者は建築士法第２条第１項に規定する建築士であって国土交通大臣が定める講習を修了した者でなければならない。

令和５年・問27-２

解答・解説

問題文のとおり。建物状況調査を行うインスペクター（既存住宅状況調査技術者）は、国土交通省が指定した「既存住宅状況調査技術者講習制度」による一定の講習を終えた建築士に限られる。

A

宅建豆知識

建物状況調査

建物状況調査とは、建物の基礎、外壁等に生じているひび割れ、雨漏り等の劣化や不具合を目視、計測等により調査するもので、インスペクター（既存住宅状況調査技術者：国土交通省が定める講習を修了した建築士）が実施する。

平成30（2018）年の宅建業法改正で「既存建物取引時の情報提供の充実に関する規定」により、媒介契約書で依頼者へ「既存建物（中古住宅）の建物状況調査者をあっせんするかどうか」の確認が義務付けられた。これにともない、重要事項説明書や37条書面でも、中古住宅の建物状況調査に関連する記載項目が設けられた。

●各書面での建物状況調査の関連項目

	記載項目
媒介契約書	既存建物であるときは、媒介契約の依頼者に対し、建物状況調査者のあっせんに関する事項
重要事項説明書	建物状況調査を実施しているかどうか、実施している場合の結果の概要
37条書面	既存建物であるときは、建物の構造耐力上主要な部分等（基礎、外壁等）の状況を取引の当事者双方が確認した事項

出題傾向▶平成30（2018）年以降、媒介契約書、重要事項説明、37条書面のいずれかで必ず出題されているため、「建物状況調査」については、まずどの情報をいつ誰に伝えるかを押さえておこう。そのうえで、インスペクター（既存住宅状況調査技術者）となれる者の条件についても確認しておきたい。

スゴ知識⑧

クーリング・オフ

（8種制限）

買主は、一定期間内に売買契約の申込み撤回や契約解除ができる！

『正直不動産』第107・108直「物上げ」（単行本第14集）

クーリング・オフという言葉を聞いたことがある人は多いかもしれない。強引な勧誘で無理やり商品を買わされてしまったりした場合、一定の期間内であれば、契約などを解除できる制度だ。不動産取引ではどのようにこのルールが適用されるのかを見ていこう。

私が担当しているオーナーが突然、
賃貸に出しているマンション3部屋の管理契約を打ち切りたいって言い出したんです。
管理委託費が安い不動産屋にでも乗り換えようって腹づもりか？
…それが、どうも部屋を売り出すつもりらしくて。

■今回のストーリー

月下が担当している賃貸物件のオーナーが、突然、管理契約を打ち切り、部屋を売却すると言い出した。この一件には、ミネルヴァ不動産傘下の「エボシ開発」の営業・十影が関係していて、物上げ(ブツ)をもくろんでいた。

不動産を売った側は、契約解除できない！

今回は、「物上げ」がテーマになっている。物上げとは、左ページで月下が説明しているが、不動産の所有者から物件を仕入れ、リフォーム・リノベーション等をして再販することだ。

持ち主が売る気のなかった不動産を、不動産会社の営業マンが安価で強引に売るように勧める悪質なケースもある。

こうしたケースでは、不動産の売主が後悔して、「やっぱり売るのをやめたい」と思っても、売買契約は取消しできない。

そこには、宅建業法のクーリング・オフの規定がからんでくる。

まあ、ただ話の全貌が見えてきたぞ。
エボシ開発は、〝物上げ〟専門の不動産会社だからな。

物上げって不動産用語で、まだ売り物ではない土地や建物の持ち主を口説き落として、売り物件として仕入れることですよね？
ああ。
ある意味、〝地上げ〟と似てる。

クーリング・オフとはなにか

クーリング・オフとは訪問販売や電話などでしつこく勧誘されて商品などを買わされてしまった場合、いったん契約の申込みや締結をしても、一定期間内であれば、無条件で契約の申込みを撤回したり、契約解除をできる制度だ。

土地や建物の取引の場合でも、このクーリング・オフは可能となっているが、宅建業法では条件が定められている。

…エボシ開発みたいな悪徳不動産屋がな。

!

いい噂は聞かないぜ。

高齢者に強引に契約を迫り、安価で住宅を売却させたり、
自宅を売却した後に、家賃を払って自宅に住み続けられる、いわゆるリースバックの契約を強引にさせたりな。

今や、高齢者だけが狙われるわけじゃない。

気弱なオーナーが長時間軟禁状態で説得され、持ち家を売ってしまったなんて話だって聞く。

タチが悪いのが、不動産に関しては売り主はクーリングオフできないってことだ。

そうなんですか!?

ああ。

以前、「終活」なんて言葉が流行語になったろ。

「遺産の整理をしましょう」

「相続問題のお手伝いをします」って、
高齢者に近づいて、宝石やら貴金属を安く買い叩く――

〝押し売り〟ならぬ、〝押し買い〟ってやつが流行ったんだ。

12

宅建業法のクーリング・オフ規定

宅建業法では、宅建業者が自ら売主となり、宅建業者でない一般消費者と土地や建物の売買契約を行うと、買主がクーリング・オフできる。また、買受けの申込みの場所や契約締結の場所によっても、クーリング・オフができるかどうかが変わってくる。

例えば、買主が宅建業者の事務所で申込みや契約の締結をすると、「買う意思があった」とみなされ、クーリング・オフができなくなる。買主から申し出て、買主の自宅や勤務先で申込みや契約の締結をした場合も同様だ。

クーリング・オフの規定いろいろ

宅建業者は、申込者や買主に対して、申込みの撤回や売買契約の解除を行

権利関係
宅建業法
法令上の制限
税・その他

うことができることと、その方法についての事項を記載した書面を交付して、告知しなければならない。この告知の日を入れて8日を経過すると、クーリング・オフはできなくなる。また、物件の引渡しを受け、かつ、代金全額を支払ったときもできなくなる。

買主がクーリング・オフをする場合は書面によって行うが、書面を発送した時に申込みの撤回や契約の解除がされたことになる。

なお、クーリング・オフをされた宅建業者は、買主に対して違約金や損害賠償を請求することはできない。

このように宅建業法では、土地や建物の取引のプロである宅建業者が自ら売主となって、一般消費者と取引する場合、取引の専門知識を持ち合わせていない一般消費者が損をしないよう、宅建業者に対して8つの規制（8種制限）を加えている。そのなかの1つが「クーリング・オフ」となる。

権利関係
宅建業法
法令上の制限
税・その他

問題

宅地建物取引業者Aが、自ら売主として、宅地建物取引業者ではないBとの間で宅地の売買契約を締結した場合における、宅地建物取引業法第37条の２の規定に基づくいわゆるクーリング・オフに関し、Bがクーリング・オフにより売買契約を解除した場合、当該契約の解除に伴う違約金について定めがあるときは、Aは、Bに対して違約金の支払を請求することができる。

令和元年・問38-ア

解答・解説

宅建業法のクーリング・オフは、買主が無条件で契約の申込みの撤回や契約解除をできるものであり、自ら売主となる宅建業者Aは、買主Bに対して、違約金の支払いを請求することはできない。

A

宅建豆知識

クーリング・オフ

強引な営業などにより、土地や建物を購入（申込み）をした一般消費者が、一定の期間内であれば、無条件に買受けの申込みの撤回や契約解除ができる制度。宅建業法では、不動産取引のプロである宅建業者と取引に慣れていない一般消費者が直接売買契約をするときに、消費者が損をしないよう、宅建業者に対して特別に８つの制限（８種制限）を加えている。そのなかの１つに「クーリング・オフ」がある。

●クーリング・オフ

内容	宅建業者の事務所等以外の場所で行った、申込みや契約は無条件で撤回・解除できる
クーリング・オフできない場合	・書面による告知の日を入れて８日を経過したとき ・物件の引渡しを受けて代金全額を支払ったとき
クーリング・オフの方法	申込みの撤回や契約解除は書面で行う（書面を発した時に効力が生じる）

出題傾向 ８種制限のなかでも、「クーリング・オフ」は毎年のように１問で丸ごと出題されている。クーリング・オフができない場所や条件を必ず確認しておこう。

スゴ知識⑨

手付貸与等の禁止

（業務上の規制）

『正直不動産』
第115・116直
「契約の誘引」
（単行本第15集）

手付金を貸したりして、契約に持ち込むのはNG！

宅建業者には、広告や報酬額、業務上の禁止事項、義務などが宅建業法で設けられている。これは「業務上の規制」と呼ばれるもので、細かい規定がたくさんある。今回は禁止事項の1つである、「信用の供与による契約締結誘引の禁止」を紹介しよう。

■今回のストーリー

ミネルヴァ不動産の営業・花澤は、自分の営業成績を上げるため、綿村という顧客に「手付金の分割払い」を持ちかけ、中古マンションの売買契約を誘引する。一方で永瀬は、中古マンション購入希望の土井から、「手付金を貸し付けてほしい」という依頼を受けるが、宅建業法違反となるのでできない、ときっぱり断る。それぞれの契約の行方は……。

んなもん、ねえよ。

まあ、とはいえ俺たちがやっちゃいけないことは、たくさんあるけどな。

例えば――

しつこい勧誘、非常識な時間帯の勧誘、社名を名乗らない勧誘、契約を拒否したにもかかわらず勧誘、
などの、悪質な勧誘。

宅建業者がやってはいけないこと

永瀬が月下に、宅建業者が取引の関係者に対してやってはいけないことを説明している場面がある。ここは、宅建業法の「業務上の規制」という項目に該当する箇所で、規制の種類はかなりある。

「重要な事実の不告知」というのは、例えば、宅建業者が賃貸アパートを媒介するのに、入居申込者が無収入にもかかわらず、入居申込み書の収入欄に「年収700万円」と嘘を書いて貸主に提出し

投資物件で利益が絶対に上がると思わせる話、
将来便利になるという環境や交通の話で契約に持ち込むなどの、
限定的な判断の提供。
それに、誇大広告などの禁止違反、
重要事項の説明義務違反、
重要な事実の不告知、
守秘義務違反………

いくらでもあるが、あとは信用供与による手付けの契約の誘引とかな。
契約の誘引ですか？

ああ。
「手付金を貸し付ける」とか「手付金は後でいい」「分割でいい」などと言って、
契約を急がせる行為は業法違反だ。

てしまう、つまり、事実を正しく取引関係者に伝えないことをいう。実際に、宅建試験ではこうした具体例で出題されることが多い。

手付貸与の禁止

今回は「手付の信用供与による契約の誘引」がストーリーの中心となる。なかでも、永瀬とミネルヴァ不動産の営業・花澤の顧客への手付金貸付けの対応が真逆な点が大きな見せ場だが、今回は永瀬の商談の場面を中心に解説していく。

なお、手付金とは、売買契約を締結するときに支払うお金のことで、金額は売買金額の2割までと宅建業法で定められている。

左ページのコマで、月下がなぜ手付金の貸付けがダメなのか、という質問を永瀬にしているが、その理由は永瀬の商談の場で明らかとなる。

キシッ
登坂不動産
永瀬先輩——
この数日、私なりに考えてみたんですけど…
カタカタカタ
手付金を不動産屋が貸し付けることは、
契約の誘引に当たるので、やってはいけないんですよね？
ああ。
カタカタ
…でも、貸し付けができれば、
気に入った物件を見つけても、手付金が払えず諦めなければいけないお客様は救われますよね。

不動産屋にしても、手付金を肩代わりしたわけではなく貸し付けですから、
損したわけじゃない。
売買契約が成立すれば仲介手数料だって入るわけで、
手付金を貸し付けてもウィンウィンなんじゃないかなって。
ズッ

月下、今から商談がある。
ガタッ
同席してくれないか。
あ、はい。
永瀬さん――
例の件、考えていただけました？
飲食業
土井秋広(47)
土井さん、申し訳ありません。
われわれはマンション購入に際して、手付金の貸し付けはいたしません。
！
そこをなんとか。
やっと見つけた理想のマンションなんだ。
……
手付金を払わないって言ってんじゃないんだ。
必ず分割で返すから。

手付金の貸付けができない理由

商談の場では、中古マンションの購入を希望している土井のほうから手付金が用意できないので、貸付けをしてほしいとの申し出がある。

永瀬は手付金の貸付けは宅建業法違反であることを告げたうえで、なぜダメなのかを解説している。

理由は3つある。

1つ目は、買い手都合で契約解除となるとトラブルになるという点だ。

そこはほら、
お互い内緒ってことで…!!
か、貸し付けをしていた場合、
買い手都合で契約解除になったりすると、
確実にトラブルになるんです。
俺は、絶対に契約解除なんかしないからさ。

もし、買主が売主に手付を交付したときは、民法のルールにより、「当事者の一方が履行に着手するまでは、買主は手付を放棄し、売主は手付の倍額を現実に提供」することで契約解除ができる。つまり、買主側から契約を解除するとなると、数百万円単位の手付金が借金として残る可能性がある。

2つ目は、手付を貸し付けることで、購入希望者がよく考える時間がなく、契約してしまうことだ。

この場合、現金を支払わなくてもよい

ので、よくも悪くも簡単に契約できてしまう。一生住む家かもしれないのに、考えずに購入し、住んで後悔することになる可能性も考えられなくはない。

3つ目は、もし手付を借りてマンションを購入したとしても、住宅ローンとはべつに借金をすることになるため、二重ローンの状態になり、返済が大変になる、という点だ。

こうした3つの理由を伝え、永瀬は手付金の貸付けは仮に合法であってもできない、と土井に断言する。

しかし、不動産屋が目の前の成約に目が眩み、
購入意思が不確実であるお客様に、
手練手管を駆使して契約を急かしたらどうなると思いますか？

例えば、手付金を貸し付けるような行為で契約を急かしたら？
人生で一度あるかどうかの大イベントにもかかわらず、
熟考する間もなく契約した家に一生住むことになって、あなたは後悔しませんか？

私は、お客様に心から納得した家に住んでいただきたい。
だから、もし仮に合法だったとしても、契約の誘引に当たる行為はいたしません。

……

土井さん、少し冷静になりましょう。
もし、私が手付金を貸し付けることでマンションが手に入ったとしても——
マンションの毎月のローンに加え、
手付金を分割で返済するのは、並大抵のことではありませんよ。

きゃ、客に講釈たれやがって。
あんた、一体何者だよ⁉

10

私は——
不動産屋の営業です。

わかりました。
手付金はこちらで用意します。
分割でいいので、支払っていただければ。

信用の供与による契約誘引の例

信用の供与とは、相手を信用して、お金を貸したりすること。この方法で宅建業者が契約を誘引すると、宅建業法違反となる。「手付の貸付け」のほか、①約束手形（期日までに一定の金額を支払うことを約束する有価証券）の受領、②手付の分割受領などの方法も禁止となる。

ちなみに花澤の商談の場面は、手付の分割払いを宅建業者側から持ち掛ける、という宅建業法の違反事例となっている。

問題

宅地建物取引業者Aは、自ら売主として、建物の売買契約を締結するに際し、買主が手付金を持ち合わせていなかったため手付金の分割払いを提案し、買主はこれに応じた。これは宅地建物取引業法の規定に違反する。

平成30年・問40-ア（改）

解答・解説

宅建業者が手付金の分割払いや貸付けを持ち掛けて、契約締結を誘引することは、宅建業法違反となる。

A

宅建豆知識

信用の供与による契約締結誘引の禁止

宅建業者が営業活動をするうえで、手付金を貸し付けたり分割払いで受け取る方法で、契約を誘引してはいけないという宅建業法で禁止されている事項の１つ。「信用の供与」とは、簡単に言うと、相手を信用して、お金を貸したり後払いにしたりすること。実際に契約が成立しなかったとしても、宅建業法違反となる。宅建業法の「業務上の規制」という項目で、宅建業者がやってはいけない禁止事項のなかの１つとされている。なお、業務上の規制では、①広告等の規制、②報酬額の制限、③宅建業者等に対する禁止事項、④宅建業者等の義務、といったことが定められている。

●「信用の供与」で禁止されているもの

手付の貸付け	手付金を貸し出すこと
手付の分割受領	手付金を分割払いにすること
約束手形の受領	約束手形で後払いにすること

出題傾向 業務上の規制のなかでも、「信用の供与による契約締結誘引の禁止」の出題頻度は非常に高い。今回登場した手付の貸付けや分割払いが宅建業法違反となることは、これまでも繰り返し出題されているので、過去問を見ておこう。

スゴ知識⑩

報酬

宅建業者が受け取れる報酬額には上限値がある

宅建業者が売買や賃貸物件を仲介すると、仲介手数料が発生する。宅建業法では「報酬」とも言うが、受け取れる額には上限が設けられている。報酬は、売買と賃貸によって決まりが異なるが、今回は賃貸（貸借）の場合で見ていこう。

『正直不動産』
第57・58直
「賃貸仲介手数料上限値」
（単行本第8集）

■今回のストーリー

月下は、賃貸住宅を探している萩原に物件を紹介するが、初期費用を抑えたいと打ち明けられる。そこで、大河部長に仲介手数料を値引きできないかを相談した。そのことを知った永瀬は……。

報酬に上限額はあるものの……

実際に賃貸物件を借りるときには、宅建業者に払う仲介手数料（以下、報酬）は家賃の1カ月分を支払うケースが多いとされている。

しかし、国土交通省の規定では、必ずしも借主が1カ月分を支払う、ということは定められていない。永瀬が話している「本来、仲介手数料ってのは半額なんです」の半額の意味は、賃貸住宅の媒介の報酬の規定を見ればわかる。

仕事中に
余計なこと
ばっかり
話してると
――
きみの
お給料、

半額に
しちゃうよ〜〜〜
ギュウウゥ。。

！
は、
半額!!

そうです、
半額です。
本来、
仲介手数料ってのは
半額なんです。

22

え……
どういう
ことですか？

ビュオオオオオ
宅地建物取引業法第46条。
居住用賃貸住宅の仲介手数料は、借り主と貸し主合計で、
賃料1か月分＋消費税が上限と定められ、
借り主が0.5か月分＋消費税、
貸し主が0.5か月分＋消費税を、
それぞれ払うことになっているんです。
本当ですか!?
ゴォ
本当も本当です。
本来、仲介手数料は借り主と貸し主で折半しろと法令で定められています。
そもそも、仲介手数料がトータル賃料1か月分＋消費税っていうのは上限値。

だから、それ以下でもなんら問題はないんです。
そうなんだ。

貸主と借主が半額ずつ負担するのが原則

永瀬が風に吹かれて正直に伝えているとおり、居住用賃貸住宅の報酬額については、宅建業法46条で定められている。重要知識なので、この印象深い永瀬の表情とセリフをそのまま頭に焼き付けておきたい。

宅建業法では「居住用建物の貸借の媒介の特則」というものがあり、**貸主と借主の双方を媒介した場合、依頼者（貸主また**

は借主）からの承諾があるときを除いて、双方から受け取れる報酬額は、家賃の1カ月分の2分の1（＋消費税）とされている。

また、貸主と借主の双方から媒介の依頼を受けていた場合、もし依頼者から承諾を得られていれば、例えば、借主から家賃の1カ月分の報酬を得ることもできる（この場合、貸主からは報酬を得られなくなる）。

なお、店舗用や事務所用の建物（居住用以外）の賃貸の媒介の報酬は「家賃の1カ月分」以内となるが、これは、貸主と借主の双方を媒介した場合に、貸主と借主からそれぞれ受け取れる報酬の合計額とされている。そのため、「家賃の1カ月分」以内であれば、貸主と借主がどんな割合で負担してもよいことになっている。代理のときでも、依頼者（貸主または借主）から受け取れる報酬額は、「家賃の1カ月分」以内となっている。

萩原さま、
本来、仲介手数料は借り主と貸し主で折半しろと法令で定められています。
ビュウゥ
そうなんだ!!

ええ。
ただし、借り主と貸し主双方の承諾があれば、
賃料1か月分という上限額内に限り、借り主・貸し主からどういう割合で取ってもいいと、
国土交通省が告示しているんです。

そんな話――
一度も聞いたことなかったなあ。
萩原さま、当然です――
普通は言いません。

それでも、仲介手数料が賃料1か月分と記載された契約書に、
署名捺印した時点で――
上限いっぱいの仲介手数料を借り主のあなたが全額負担すると納得されたことになるんです。
永瀬くん、ちょっと向こうでお話ししよう。

ここでは永瀬が賃貸借の契約書について話しているが、居住用建物であっても、契約書内に「仲介手数料が賃料1カ月分」という記載があって、借主側がそれに気づかず署名捺印してしまうと、合意したことになり1カ月分の報酬を宅建業者に対して支払うことになる。

本来、宅建業法で定められているのは、居住用建物の貸借の場合、原則として貸主と借主のそれぞれが家賃の1カ月分の半分（＋消費税）以内であることは、必ず覚えておこう。

▲第5集 第35・36直「トリプル両手」

売買の報酬について

せっかくなので、売買の報酬についても少し触れておこう。

売買の媒介の場合、宅建業者が依頼者の一方（売主または買主）から受け取れる報酬の限度額は、取引価格が４００万円を超える場合、「取引価格の３％＋６万円」（＋消費税）となる。売買の媒介ではこの速算式を使って計算するので、覚えておこう。

なお、売主または買主のどちらかから

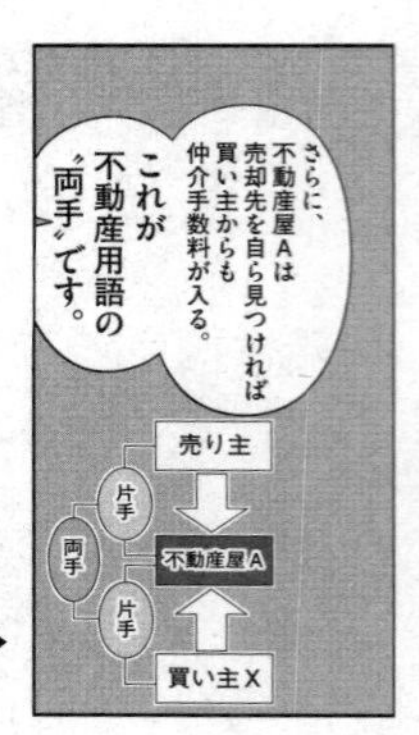

第5集　第35・36直 ▶
「トリプル両手」

のみ報酬をもらう取引を「片手取引」という。

また、買主と売主の両方から媒介の依頼を受けた場合は、両方から報酬をもらえる「両手取引」となる。このときは、「取引価格の3％＋6万円」の額を、売主と買主の両方からもらえるため、実質的に報酬の速算式の2倍の額までが受領限度額となる。

『正直不動産』では、ほかのストーリーでも報酬に触れている場面が登場するので、そのつど知識を確認しておこう。

権利関係
宅建業法
法令上の制限
税・その他

問題

宅地建物取引業者Ａ（消費税課税事業者）が居住用建物の貸主Ｂ及び借主Ｃの双方から媒介の依頼を受けるに当たって、依頼者の一方から受けることのできる報酬の額は、借賃の１か月分の0.55倍に相当する金額以内である。ただし、媒介の依頼を受けるに当たって、依頼者から承諾を得ている場合はこの限りではなく、双方から受けることのできる報酬の合計額は借賃の１か月分の1.1倍に相当する金額を超えてもよい。

Q

令和４年・問27-３

解答・解説

居住用建物の賃貸借の媒介では、依頼者からの承諾があれば、依頼者の一方から家賃１カ月分（＋消費税）まで受領できるので、１カ月分×1.1倍となる。しかし、依頼者の両方から受け取れる額は、家賃１カ月分（＋消費税）が上限なので、この額を超えることはできない。

権利関係
宅建業法
法令上の制限
税・その他

宅建豆知識

報酬

宅建業者が媒介の依頼を受け、契約が成立した時に依頼者から受け取れる仲介手数料のこと。宅建業法では「報酬」という。売買、貸借（賃貸）の場合で上限額が設けられているが、それぞれの算出方法は次のとおり。

●報酬（売買は取引価格400万円超の場合）

	依頼者一方からの限度額	取引での限度額
売買の媒介	取引価格×３%＋６万円	取引価格×３%＋６万円の2倍
売買の代理	媒介の２倍の額	媒介の２倍の額
貸借の媒介・代理（居住用以外）	家賃の１カ月分	家賃の１カ月分
居住用建物の貸借の媒介の特則	依頼者の承諾がない：家賃１カ月分×２分の１ 依頼者の承諾がある：家賃１カ月分	依頼者の承諾の有無にかかわらず：家賃１カ月分

※消費税は別途加算

出題傾向　特に今回紹介した、貸借の報酬については、ほぼ毎年出題されている。まずは、限度額が家賃１カ月分であることと、居住用建物の賃貸借の媒介では、原則的には依頼者の承諾がない限り、貸主と借主の双方から受けとれる額は家賃１カ月分の２分の１ずつであることを理解しておこう。

正直不動産

登場人物の宅建取得エピソード

月下 咲良 編

カスタマーファーストの営業スタイルを貫く月下。
最初から不動産業界で働くことを目標としていたため、
学生時代に宅建を取得している。

▶第１集　第５・６直「店舗契約」

登坂不動産に新卒で入社した月下だが、なかなか営業成績をあげられずにいた。登坂社長と大河部長が月下の不動産営業としての適性について話している場面で、月下が大学時代に宅建を取っている頑張り屋であることが明かされる。

▲第１集　第５直「店舗契約（前編）」

▲第１集　第６直「店舗契約（後編）」

なぜ不動産業界で働こうと思ったかを、永瀬に打ち明ける月下。そのときに、宅建以外の資格取得への意欲を見せている。月下が、不動産を扱ううえでさまざまな知識が必要になることを理解しているだけでなく、資格を取得した先にある目標をしっかり見据えていることがわかる。

法令上の制限

建物を建てるときや土地の使い方を定めたいろいろな法律を学ぶ

スゴ知識⑪

法令上の制限の基本用語

（都市計画法・建築基準法）

『正直不動産』
第7・8直
「新・中間省略登記」
（単行本第1・2集）

土地の使用にはさまざまな規制がある！

宅建試験の法令上の制限では、専門用語が多く登場する。ここでは、試験によく登場する用途地域、建蔽率、容積率、建築物の高さ制限の用語について、実際に漫画を見ながら理解を深めていこう。

■今回のストーリー

永瀬は杉並区の阿佐ヶ谷に土地を見つけた。あまりに好条件すぎて、法令上で特殊な規制がないかどうかを徹底的に調べるが、特に問題がないとわかる。そこで土地の持ち主の衛藤に、自分に土地を売らせてほしいと打診する。しかし、すでに売却は近所の不動産会社に依頼されていて……。

土地の利用制限は取引に大きく関係する！

東京都杉並区阿佐ヶ谷駅から徒歩15分の場所に、土地を見つけた永瀬。更地であり、形もいびつではなく、非常に好条件だった。そのため、この土地の規制面などに何か問題があるのかを疑う。

セリフにある「抵当でもついてんのか？」の「抵当」とは「抵当権」のこと。

抵当権とは、例えば、住宅ローンを組んで銀行がお金を貸した相手が借金を返せなくなった場合に備え、貸付金を回収できるように設定する権利だ。抵当権付きの土地だと、抵当権設定登記がなされている。そのため、永瀬は、「登記情報提供サービス」で抵当権が登記されているかを確認しているのだ。

ちなみに、抵当権付きの土地だと、元の土地の持ち主（抵当権を設定され

阿佐ヶ谷駅（あさがや）
徒歩15分、
ざっと見て40坪弱…
軽く見積もっても、
1億ちょっとって
とこかな。
ゴクッ
もったいねえなあ、
こんな好条件の土地を
眠らせとくなんて。
抵当でも
ついてんのか？
ガバッ
カタカタ
登記情報提供サービス
カタ
……おっ！
マジかよ、
まっさらじゃねえか。

ている側）がお金を銀行に返せなくなった場合、銀行が抵当権を実行することで、競売にかけられてしまうケースも考えられる。すると、新しく土地を購入した人より、もともと抵当権を設定していた銀行が優先されるため、せっかく土地を購入しても、所有権を失ってしまうおそれがある。

用途地域ごとに建築物が規制されている

続けて、永瀬はこの土地の用途地域を調べる。用途地域とは、**都市を、住宅地、商業地、工業地といった3つの用途ごとに分けた地域のことで、13種類ある。なお、市街化区域（市街化を積極的に進める地域）には、用途地域を定める必要がある。**

用途地域内では、地域ごとの建物の用途だけでなく、建築基準法で定められている建蔽率（けんぺいりつ）や容積率などの規制が適用されるため、地域によっては建て

でも、ぬか喜びはできねーよな。
用途地域によっちゃあ、掘り出し物どころか…
ただのガラクタだ。
杉並区役所都市開発課
もしもし、用途地域が何かお聞きしたい土地があるんですが。
住所はですね、阿佐ヶ谷北…
第二種中高層住居専用地域…なるほど。
ちなみに、容積率は？
はい、ありがとうございます。
おいおいおいおい。
えらいお宝発見しちゃったんじゃねえか？
区役所に行って、もう少し調べてみるしかねーな。

られない建築物などがある。

この点は、不動産取引の際には慎重に確認する必要があり、重要事項説明においても、必須の記載事項となっている。

ストーリー内に登場する「第二種中高層住居専用地域」は、建築基準法で「主として中高層住宅に係る良好な住居の環境を保護するため定める地域」と定義されている。マンションや小規模なスーパー、ファミリーレストランなどのある地域をイメージするといいだろう。

▲第７集 第51直「公簿売買（前編）」

建蔽率と容積率

永瀬は区役所に対して、用途地域だけでなく、容積率のことも問い合わせているが、これも土地取引の際の重要なポイントとなる。

各用途地域には、建蔽率と容積率の限度の割合が定められているからだ。

ちなみに、建蔽率とは、敷地の面積に対して建築できる面積の割合のこと（第51直　公簿売買に登場する）。

容積率とは、敷地面積に対する建築

物の延べ面積（建物の各階の床面積の合計）の割合のことをいう。

今回、第7直で登場している土地は「第二種中高層住居専用地域」なので、建蔽率は「30％～60％」、容積率は「100％～500％」の間で、都市計画によって定められている。

このように地域ごとに細かく数値が分けられているのは、その土地の特性からみて、災害時の周囲への被害の影響を防いだり、日当たりや通風面の確保などを考慮するためだ。

もし、この数値からオーバーした建物を建ててしまうと、建築許可が下りないだけでなく、住宅ローンも借りられない、というハメになる。

5F
都市計画課
交通対策課
4F
土木監理課
土木計画課
3F
まちづくり
推進課
建築課
現在位置
2F
情報公開課
1F
夜間・休日受付
喫茶コーナー
エレベーター
杉並区役所

建築課

頼むぜ。
ペラ
ここまで来て、「メンドクセー規制付きの土地でした」なんてオチは、勘弁してくれよ。

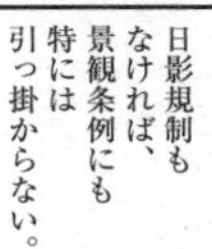
日影規制もなければ、景観条例にも特には引っ掛からない。

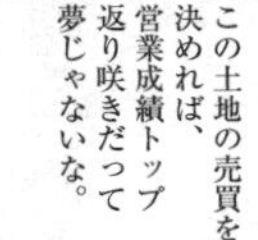
この土地の売買を決めれば、営業成績トップ返り咲きだって夢じゃないな。

いよいよ、俺にも運が向いてきた。

日当たりや通風を考えた、建築物の高さ制限

さらに、阿佐ヶ谷の土地について規制がないか、区役所の建築課で調べる永瀬。その結果、「日影規制もなければ、景観条例にも特には引っ掛からない。」ことがわかる。

ここで登場する「日影規制」とは、建築基準法による「建築物の高さ制限」のなかの1つだ。住宅地に建つマンションなど中高層の建物を対象に、その建物の影が近隣の家に一定時間以上生じないようにするために設けられていて、対象区域は地方公共団体が指定している。

建築物の高さ制限は、ほかにも種類があり、用途地域ごとに規制が異なるのだが、ここで1つ例を紹介しておこう。

左ページのコマ（第12直）で描かれている、建物の上部分が斜めに切り取

永瀬が指さす家の屋根は「斜線制限」のある住宅の特徴の1つだ。

◀第2集　第12直「瑕疵担保責任（後編）」

られたような家は、建築物の高さ制限のなかの「斜線制限」が設けられているものだ。道路や隣接する建物の日当たりや通風を確保するために、道路の地盤面から斜線を引き、その線の内側の範囲内でしか建物を建てられないため、このような形の建物となる。

「斜線制限」は、道路斜線制限、隣地斜線制限、北側斜線制限の3種類がある。用途地域とその種類によって、制限の方法が変わる点に注意したい。

土地の規制は徹底的に調査を

調べ上げた結果、阿佐ヶ谷の土地は規制面に問題がないことがわかり、永瀬は積極的な営業を展開する。

土地を購入したものの、あとでさまざまな規制がわかって、希望どおりの建物が建てられない、ということでは購入した側が損をする。

永瀬のように事前にその土地の持つ規制を徹底的に調べることが、不動産取引では必要になる。

問題

市街化区域については、都市計画に、少なくとも用途地域を定めるものとされている。

令和４年・問15-１

解答・解説

問題文のとおり。市街化区域には、都市計画に、少なくとも用途地域を定める必要がある。

もしもし、用途地域が何かお聞きしたい土地があるんですが。
住所はですね、阿佐ヶ谷北…

宅建豆知識

用途地域

都市計画法で定められている「都市計画区域」のなかの市街化区域では、住居系、商業系、工業系のカテゴリーに分けて、13種類の用途地域が設けられている。その地域に建築できる建物の用途に制限をかけることで、街づくりの秩序を保っているのだ。

●用途地域の種類

住居系	第一種低層住居専用地域	低層住宅に係る良好な住居の環境を保護するため定める地域
	第二種低層住居専用地域	**主として**低層住宅に係る良好な住居の環境を保護するため定める地域
	第一種中高層住居専用地域	中高層住宅に係る良好な住居の環境を保護するため定める地域
	第二種中高層住居専用地域	**主として**中高層住宅に係る良好な住居の環境を保護するため定める地域
	第一種住居地域	住居の環境を保護するため定める地域
	第二種住居地域	**主として**住居の環境を保護するため定める地域
	準住居地域	**道路の沿道**としての地域の特性にふさわしい業務の利便の増進を図りつつ、これと調和した住居の環境を保護するため定める地域
	田園住居地域	**農業の利便**の増進を図りつつ、これと調和した**低層住宅**に係る良好な住居の環境を保護するため定める地域
商業系	近隣商業地域	**近隣の住宅地**の住民に対する**日用品の供給**を行うことを主たる内容とする商業その他の業務の利便を増進するため定める地域
	商業地域	**主として**商業その他の業務の利便を増進するため定める地域
工業系	準工業地域	主として**環境の悪化**をもたらすおそれのない工業の利便を増進するため定める地域
	工業地域	主として工業の利便を増進するため定める地域
	工業専用地域	工業の利便を増進するため定める地域

出題傾向 用途地域についての理解は必須。上の表で紹介したような定義は実際に出題されている。法令上の制限を学習するうえでの基礎になる。今回紹介した地域以外にも、『正直不動産』では用途地域の名前が登場するので、意識して読んでみよう。

スゴ知識⑫

接道義務

（建築基準法）

建築物の敷地は、幅４ｍ以上の道路に2ｍ以上接している必要がある！

『正直不動産』
第37・38直
「再建築不可」
（単行本第5集）

建築基準法の集団規定で学ぶ「接道義務」が今回のテーマとなる。なぜ接道義務のようなルールが設けられているのか、その理由や建築基準法上の「道路」についても学んでいこう。

鈴村夫妻の希望に沿う物件、
見つけました。
本当か。見せてみろ。
はい。
売り主は脇道不動産。吉祥寺駅徒歩12分。
築30年の2階建て、2SLDKで2800万。

■今回のストーリー

永瀬のところに、できるだけ安く吉祥寺の中古戸建てを買いたいという鈴村夫妻がやってくる。そんな物件はない、と永瀬が正直に話しているのを立ち聞きしていた月下は、自分が鈴村夫妻の条件にあう家を見つける、と動き出すのだが……。

道路と接する敷地の幅に要注意！

月下が見つけた物件は「旗竿地」と呼ばれるもので、名前のとおり、竿についた旗のような形をしている。

旗竿地だと、住宅のある敷地から公道（幅員4m以上の道路）に出るまでの部分（竿にあたる部分）の幅が、狭くなっていることが多い。この部分の幅が2m未満だと、建築基準法の「接道義務」に違反する。今回は、この部分のトラブルを中心にストーリーが展開する。

権利関係
宅建業法
法令上の制限
税・その他

……ッ!!
この物件、
再建築不可物件だ。
!!!
そ、そんなはずありません。
私、事前に――
もちろんです!!
メジャーで測ってみろ。
月下、ちゃんと計測したか？
接道間口は、
2メートル3センチです。

再建築不可物件とは

永瀬は、月下と鈴村夫妻の物件内覧の場に立会い、物件の公道に至るまでの敷地の一部が2mに満たないことに気づく。この場合、建築基準法の接道義務に違反するため、もし、建物が火事などで全焼してしまった場合でも、建て直すことができなくなる。これが180ページで永瀬が言っている「再建築不可」の意味となる。

建築基準法第43条の規定で、
建築物の敷地は、いくつかの例外を除き、
幅員4m以上の道路に、2m以上接していなければならないことになっています。
……
接道間口に関しては2mあるので問題ありません。
ただし、建物に通じる通路の途中で幅員2m未満の箇所があると、
接道義務を果たしてないことになり——
再建築不可物件と見なされるんです。

接道義務の意味

再建築不可の可能性もあるため、物件を調査する段階で、接道義務を満たしているかを確認することは非常に重要だ。

接道義務に関する説明は、上のコマの永瀬のセリフどおり。そもそも、なぜ接道義務が設けられているかというと、災害時の消防活動や避難経路確保などのためとなる。

建築基準法上の道路（幅員4m以上）に対し、接している建築物の敷地が2mに満たない

と、消防車（緊急車両）の通行が難しくなり、消防や救助活動に支障が出てしまうことになるからだ。

接道義務の例外

接道義務には例外規定もあり、例えば、敷地の周りに広い空き地があれば、道路に対して接している建築物の敷地は、２ｍ以下でもよいとされている。これは周りに空き地があれば、消防車も通行できる、という理由からだ。

また、地方公共団体の条例により、その敷地が接しなければならない道路の幅員や長さなどを、建築基準法の制限よりもより厳しいものにすることもできる。

例えば、道路に対して接している建築物の敷地を２ｍ以上の「３ｍ以上」にして、より厳しい制限にすることができる点も覚えておこう。

問題

建築物の敷地は、原則として幅員4ｍ以上の道路に2ｍ以上接しなければならない。

平成12年・問24-2（改）

解答・解説

問題文のとおり。これは、建築基準法に規定されている。

宅建豆知識

接道義務

建築基準法上、道路は幅員４ｍ以上のものとされている。建築物の敷地は、原則として道路に２ｍ以上接していなければならないというものが接道義務となる。また、地方公共団体は、条例により接道義務の制限を付加（厳しくすることが）できる。

●接道義務の例

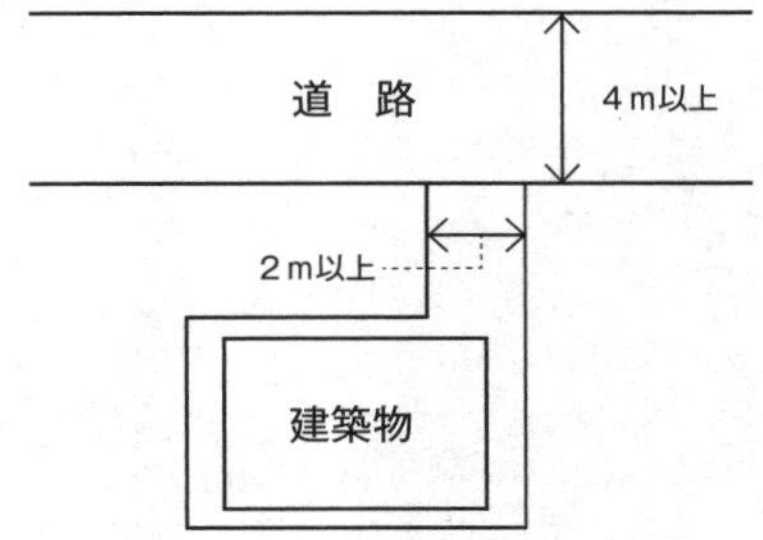

出題傾向 接道義務は、建築基準法の「道路」の規定を学ぶうえで、とても重要な知識となる。今回永瀬のセリフに登場した内容が、出題されていることもあるので、覚えておこう。

正直不動産

登場人物の宅建取得エピソード

十影 健人 編

**Z世代の申し子のような十影だったが、
永瀬の下で働くようになり、仕事への意識が次第に変わってくる。
そして、宅建取得を目指すことに。**

▶第16・17集　第127・128直「但し書き道路物件」　ほか

ある日十影は「不動産に関する知識が足りない」ことを理由に仕事を辞めたいと永瀬に告げる。しかし、永瀬は十影に期待していることと、「どんな営業になりたいか、目標だけは持ったほうがいい」と伝えて退職を思いとどまらせる。その後、十影は永瀬の言葉に後押しされ、宅建取得を決意する。

▲第17集　第128直
「但し書き道路物件（後編）」

▲第18集　第140直「リースバック（後編）」

十影は途中、試験に受かる気がしないと落ち込んだりもするが、永瀬は、自分が一度宅建試験に落ちていることを伝えて励ます。結果、十影は宅建試験で合格を勝ち取る。

税・その他

不動産取引に必要な税金や実務に関することを学ぶ

スゴ知識⑬

固定資産税

（税法）

毎年1月1日現在の不動産の所有者が支払う税金

固定資産税は地方税の1つ。不動産（土地や建物）の所在地の市町村に対して、所有者が納税する。宅建試験の場合は「課税標準の特例」が重要となるので、ここを中心に確認していこう。

『正直不動産』第151直「空き家（前編）」（単行本第19集）

■今回のストーリー

空家等対策の推進に関する特別措置法（空家等対策特別措置法）の改正が行われたことで、登坂不動産では、空き家所有者をターゲットに、物件売却の営業を掛けるよう指令が出た。そこで永瀬はなぜ空き家が狙い目なのかを月下に説くのだが……。

空家等対策特別措置法の改正

固定資産税の話をする前に、令和5（2023）年12月施行の空家等対策特別措置法の改正内容について触れておきたい。

空き家問題については世間でも話題になっているが、空き家が放置されると、建物が倒壊したり、地域の治安にも影響するため、トラブル発生のリスクが高まる。次ページからは、永瀬が空き家と今回の法改正に至るまでの説明をしている場面となるので、漫画で確認していこう。

権利関係
宅建業法
法令上の制限
税・その他

チャンス？
ガタッ
そもそも空き家ってもんは、
所有者がわからないことも多い。
所有者がわかっても、
相続人が複数いて、意見がまとまらなかったり。
住む予定はないが思い出が詰まった実家でもあり、
売却に踏み切れなかったり。
相続登記や住所等の変更登記が、
これまでは任意だったからな。
要は、空き家ってもんは――
積極的にターゲットにするには、コスパが悪かった。
ただ、これからは違う。
良質な空き家が市場に大量に出てくることになる。
!?
空き家を長期間放置すると、トラブル発生のリスクが高まるのは知ってるよな？
はい。
倒壊など保安上の問題や、防犯、防災上の問題などですよね。

そうだ。
地域の空き家率が30％を超えると――
一気にスラム化が進むなんて言われてるくらいだ。
もちろん、国だって空き家が増え続けるのを指をくわえて見てたわけじゃない。
今年6月に「改正空き家等対策特別措置法」が参院で可決成立、年内に施行される。
ウン
ウン
今までは倒壊の可能性など著しく危険だったり、
著しく衛生上有害になる空き家を――
市区町村は〝特定空き家〟と認定してきた。
〝特定空き家〟だと認定されると、
状態を改善するための指導、勧告、命令、代執行がなされる。

＊今年6月→令和5（2023）年6月のこと

権利関係
宅建業法
法令上の制限
税・その他

代執行って――
自治体が空き家を解体して、
その費用を所有者から徴収するってことですよね？
ああ。
だが、徴収できないケースも多い。
そうなると、税金で負担しなければいけない。
だから、自治体は〝特定空き家〟と認定することに、
慎重にならざるを得なかった。
で、今回の法改正だ。
〝特定空き家〟に至る前段階の、
〝管理不全空き家〟ってカテゴリーが新たに設けられた。
これで、今まで無関心だった所有者が、
空き家の早期売却に一気に傾く可能性が高まった。

固定資産税が6倍に!?

これまでのコマで永瀬が説明しているとおり、空家等対策特別措置法では、そのまま放置すると著しく倒壊のおそれのあるような空き家を「特定空家」として認定してきた。しかし、それだけでは空き家問題が改善されなかったため、法改正で、管理が行き届いておらず、このまま放置すると特定空き家になる可能性が高い空き家を「管理不全空家」とした、という経緯がある。「管理不全空家」の所有者等は、市町村長から勧告を受けると、敷地について固定資産税の住宅用地特例が適用されなくなり、これまでの6倍の固定資産税を支払わなくてはならないことになった。それで、空き家の持ち主は損をしたくないので、早く売却に動く可能性がある、というわけだ。

この部分が、ミネルヴァ不動産の営業・花澤の営業場面につながっていく。

権利関係
宅建業法
法令上の制限
税・その他

固定資産税の特例とは

固定資産税では、住宅用地（土地）を、「小規模住宅用地」と「その他の住宅用地」に区分して、それぞれ固定資産税が安くなる特例を設けている。

宅建試験に登場する用語でいうと、**「固定資産税の課税標準の特例」となり、課税標準が軽減されることになる。**

この課税標準とは、税額を計算するときの基になる金額のことで、固定資産税の場合は、固定資産課税台帳価格となっている。税金額は、課税標準に税率（固定資産税の税率は1・4％）を掛けて算出する。

※固定資産課税台帳とは、固定資産税の課税対象となる土地や住宅等の評価額などが登録されている帳簿で、市町村長が作成する。

【固定資産税の課税標準の特例】

①小規模住宅用地：200㎡以下の部分…課税標準の6分の1

②その他の住宅用地：200㎡超の部分…課税標準の3分の1

固定資産税の課税標準の特例については、小規模住宅用地とその他の住宅用地では、それぞれ課税標準の軽減率が異なる点に注意したい。

もし、一戸建て住宅の場合で、500㎡の住宅用地があるとすると、200㎡部分が小規模住宅用地となり、残りの300㎡部分がその他の住宅用地となり、それぞれの軽減率が適用されることになる。

つまり、特定空家や管理不全空家の敷地部分には、この特例が適用されなくなってしまうため、6倍の固定資産税を支払わなくてはならないということになる。

今回紹介した課税標準の特例については、宅建試験での出題回数は多く、「6分の1」や「3分の1」といった数字に関してヒッカケ問題で出題されることもあるので、この点は注意しておきたい。

権利関係
宅建業法
法令上の制限
税・その他

問題

住宅用地のうち小規模住宅用地に対して課する固定資産税の課税標準は、当該小規模住宅用地に係る固定資産税の課税標準となるべき価格の３分の１の額である。

令和３年（12月）・問24-４

解答・解説

住宅用地で面積が200㎡以下の小規模住宅用地に課される固定資産税の課税標準は、課税標準となるべき価格の6分の1となる。

ただだし、住宅用地ならば、固定資産税が6分の1に軽減されるという、
特例があるんです。

A

宅建豆知識

固定資産税

地方税の1つ。毎年1月1日現在の所有者が、所有する不動産（土地や建物）の所在地の市町村に対して、納税することになっている。

●固定資産税のまとめ

課税主体（税金を納める先）	市町村
納税義務者	1月1日現在の土地や建物の所有者 （登記・登録名義人）
課税標準	固定資産課税台帳価格
税率	1.4%
課税標準の特例（土地のみ）	200㎡以下は6分の1 200㎡超は3分の1

出題傾向 宅建試験では毎年地方税の出題はあるが、固定資産税と不動産取得税のいずれかが出題される。固定資産税の場合、課税標準からの特例の出題が非常に多いため、特に登場する数字はしっかり暗記しておきたい。

スゴ知識⑭

フラット35

（住宅金融支援機構）

借入期間最長35年、固定金利で毎月の返済額が一定になる住宅ローン

宅建試験では、その他の分野の「住宅金融支援機構」という項目で登場する。フラット35がどんなものなのか、また、住宅金融支援機構が行う業務について確認しておこう。

『正直不動産』
第63・64直
「フラット35」
（単行本第8・9集）

■今回のストーリー

若村夫妻は、ミネルヴァ不動産でフラット35を利用してのマンション購入契約を急かされたことに不安を感じて、登坂不動産にセカンドオピニオンを聞きにきた。ミネルヴァ不動産の手口に気づいた永瀬は、フラット35がどのような住宅ローンであるかを一から説明するのだが……。

権利関係
宅建業法
法令上の制限
税・その他

フラット35とは

フラット35とは、永瀬の説明どおり、住宅金融支援機構（以下、機構）と民間金融機関が提携して融資を行う住宅ローンのことだ。返済期間は最長35年で、返済期間中は金利が変わらない（固定金利）。保証人や繰上げ返済手数料も不要だ。

ちなみに金融機関は、銀行だけでなく、信用金庫、農協なども含むが、利率は金融機関がそれぞれ決定するため、異なるケースもある。

フラット35は、民間金融機関と住宅金融支援機構の提携による、
最長35年の長期固定金利型住宅ローンです。
住宅金融支援機構は政府系金融機関なので一言で言えば――
フラット35というのは、政府による持ち家促進のための金融商品なんです。
へえ――

13

しかし、持ち家促進だからといって、
闇雲に支援してもらえるわけではありません。
近年、自然災害が毎年のように発生していますよね？
そんな災害に耐えられる住宅、品質基準を満たした住宅に対してのみ金を貸し出すというのが、
フラット35なんです。

住宅金融支援機構の業務

低金利で固定されている住宅ローンを、民間の金融機関が提供することは難しい。そこで、**機構が「証券化」という方法を使って、民間の金融機関を支援し、一般の住宅購入希望者がフラット35を利用できるようにしている。**

証券化支援業務では、おもに「買取型」という方法がとられている。簡単に説明すると、金融機関がもっている住宅ローン利用者の債権（貸したお金を返してもらう権利）を、機構が買い取り、証券化して、それを投資家に売り資金を集めるという手法になる。少し難しいところなので、今は大体の流れを押さえておこう。

この買取型の対象となる「債権」には条件があり、これがフラット35を一般の住宅購入希望者に融資するときの条件となっている。

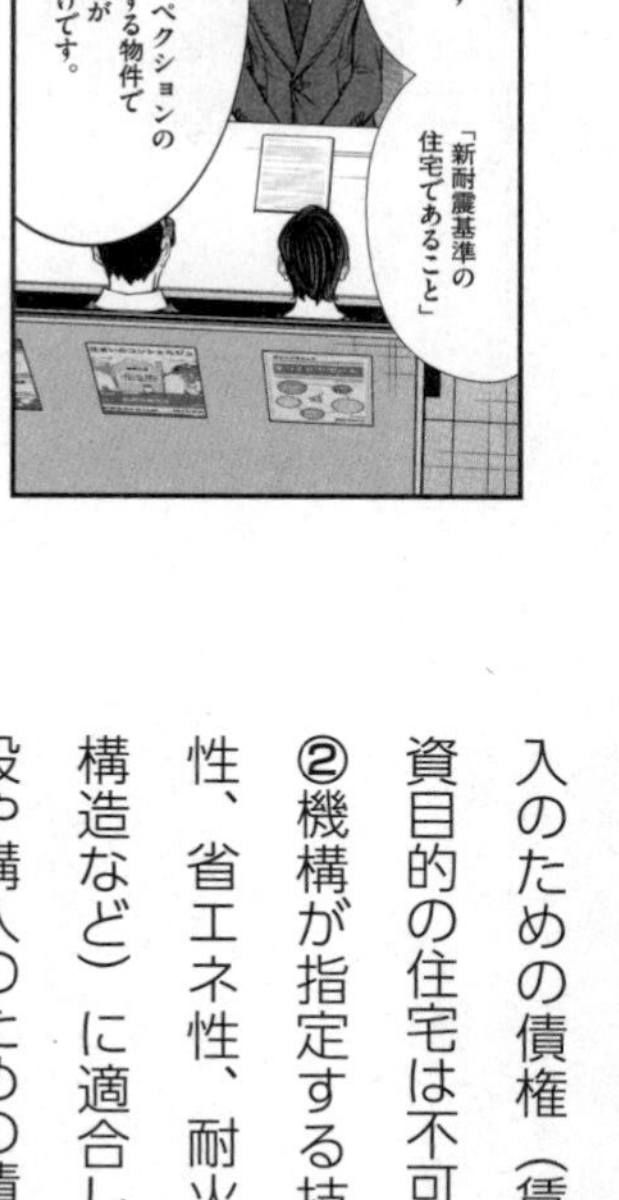

【買取型の対象となる債権の例】

①自らまたは親族が居住する新築住宅の建設や購入、中古住宅の購入のための債権（賃貸住宅など投資目的の住宅は不可）

②機構が指定する技術基準（断熱性、省エネ性、耐火構造・準耐火構造など）に適合している住宅建設や購入のための債権

③住宅の購入に付随する住宅の改良（リノベーションやリフォーム）のための債権

例えば、フラット35を利用できる、
この中古マンションなら、
月々の支払いは10万3千円。
家賃13万3千円で貸し出せば、月3万の利益が出ます。

２０７ページで永瀬が「品質基準を満たした住宅に対してのみ金を貸し出す」と説明しているのが、前ページで紹介した例の②となる。

このあと、永瀬のフラット35の説明に納得した若村夫妻は登坂不動産で住宅購入を決める。

しかし、永瀬に顧客を取られて怒ったミネルヴァ不動産が、若村夫妻の夫にフラット35を利用しての賃貸住宅物件の購入を持ち掛け、話は思わぬ方向へと展開する。

問題

独立行政法人住宅金融支援機構が証券化支援事業（買取型）により譲り受ける貸付債権は、自ら居住する住宅又は自ら居住する住宅以外の親族の居住の用に供する住宅を建設し、又は購入する者に対する貸付けに係るものでなければならない。

令和３年（12月）・問46-3

解答・解説

買取型の証券化支援事業の場合、貸付けの対象となる債権は「自ら居住する住宅・親族の居住の用に供する住宅の建設・購入」となる。賃貸住宅（投資目的）の建設・購入に関する貸付けは対象外とされている。

宅建豆知識

フラット35（住宅金融支援機構）

住宅金融支援機構（以下、機構）と民間金融機関が提携して融資を行う住宅ローン。返済期間は最長35年で、固定金利のため、返済計画が立てやすくなる。利用には、機構が設けている品質基準などに適合する建物などの条件がある。この条件は、機構が行う業務の１つ証券化支援業務（買取型）と関連がある。

●住宅金融支援機構の業務

証券化支援業務（買取型）
銀行などの金融機関が有する住宅ローンの債権を、機構が買い取り、有価証券などに換える証券化の手法で、投資家に販売する **【買取債権の例】** ①自らまたは親族が居住する新築住宅の建設や購入、中古住宅の購入のための貸付債権（賃貸住宅など投資目的の住宅は不可） ②機構が指定する技術基準（断熱性、省エネ性、耐火構造・準耐火構造など）に適合している住宅建設や購入のための貸付債権 ③住宅の購入に付随する住宅の改良（リノベーションやリフォーム）のための貸付債権 ※金融機関ごとに金利は異なる ※証券化支援業務は買取型のほかに、保証型もある。

出題傾向 住宅金融支援機構のメインの業務が、今回紹介した証券化支援業務（買取型）となる。宅建試験ではここから繰り返し出題されている項目も多いので、まずは過去問をチェックするところから始めよう。

宅建士になりたくなったら

宅建士の資格は、不動産取引に関する法律の専門家としての証となる。
宅建試験は、原則として年１回で、誰でも受験可能。
試験に合格して、登録後に宅建士証をもらえば宅建士として仕事ができる。
ここでは試験の出題範囲をはじめ、試験に関する情報を紹介しよう。

宅建試験の出題範囲

宅建業法　出題数20問

不動産取引をする一般消費者を守るために定められた法律で、宅建士の実務に直結する内容だ。出題数は最も多い。

- 宅地建物取引業法（宅建業法）
- 住宅瑕疵担保履行法

権利関係　出題数14問

契約に関するルールを定めた「民法」からの出題が中心。民法の規定より優先される「特別法」からの出題もある。

- 民法
- 借地借家法
- 区分所有法
- 不動産登記法

（借地借家法・区分所有法・不動産登記法：特別法）

税・その他　出題数８問

不動産取引に必要な税金や実務に関する法律などから出題される。

- 税法
  不動産取得税、固定資産税、所得税、印紙税、登録免許税
- その他
  不動産鑑定評価基準、地価公示法
  〔以下、登録講習修了者免除科目〕
  住宅金融支援機構、景品表示法、統計、土地・建物

法令上の制限　出題数８問

土地の利用や建築物を建てるうえで、制限を設けている各種法律からの出題。

- 都市計画法
- 建築基準法
- 国土利用計画法
- 農地法
- 土地区画整理法
- 宅地造成及び特定盛土等規制法
- その他の法令上の制限

●試験概要（予定）

受験資格	誰でも受験できる
試験方式	四肢択一式　50問（マークシート方式・50点満点） ※登録講習修了者*は45問
試験案内の掲載と配布	インターネット▶機構ホームページに掲載（毎年6月上旬から下旬まで） 郵送▶都道府県ごとに指定の場所で配布（毎年7月上旬から7月中旬まで）
受験申込受付期間	インターネット受付▶毎年７月上旬から下旬まで 郵送受付▶毎年７月上旬から７月中旬まで
試験地	原則として、現在住んでいる試験地（都道府県）での受験となる
試験日	原則として、10月の第３日曜日　午後１時～午後３時（２時間） ※登録講習修了者*は、午後1時10分～午後3時（1時間50分）
合格発表	原則として、11月下旬
受験手数料	8,200円
試験実施機関	一般財団法人 不動産適正取引推進機構 https://www.retio.or.jp/

＊宅建業に従事している人は、国土交通大臣の登録を受けた機関での「登録講習」を修了すると、本試験問題50問のうち5問が免除になる制度がある。

●受験データ

試験年度		受験者数	合格者数	合格率	合格基準点
令和５（2023）年度		233,276人	40,025人	17.2%	36点
令和４（2022）年度		226,048人	38,525人	17.0%	36点
令和３（2021）年度	10月	209,749人	37,579人	17.9%	34点
	12月	24,965人	3,892人	15.6%	34点
令和２（2020）年度	10月	168,989人	29,728人	17.6%	38点
	12月	35,261人	4,610人	13.1%	36点
令和元（2019）年度		220,797人	37,481人	17.0%	35点

※令和2年度、3年度試験は新型コロナウイルスの影響により、10月と12月の2回にわけて実施された。

宅建士だけができる仕事

だが、宅建士でなければ、
できないことがある。

不動産取引の契約に関する重要な役割を担うのが宅建士。次の業務は宅建士にしかできない。

・重要事項の説明と重要事項説明書への記名
・37条書面への記名

※宅建業（不動産取引の仕事）を行う宅建業者の事務所には、専任の宅建士を５人に１人の割合で設置することが、宅建業法で義務付けられている。

人気宅建講師による

正直不動産 名言セレクション

日建学院の人気講師陣が、数あるストーリーのなかから、
登場人物の「名言（名セリフ）」をセレクト。
試験に役立つ名言、モチベーションの上がる名言を紹介！

吉野 哲慎 選

日々の勉強を継続するうちに少しずつ実力は伸びているはず！

▲第９集　第68直「水害マンション（後編）」

永瀬の元同僚、桐山が、「進歩も成長もせず」と悩んでいる永瀬にかけるときの言葉で、読んでいて、とても共感しました。

これは宅建試験、他の試験の受験生にも同じことが言えますよね。「毎日毎日過去問を解いているけど、果たして自分の学力は伸びているのだろうか？」と誰もが壁にぶち当たるときって、一度はあると思うんです。でも、グルグル同じことを繰り返しているようでいても、勉強を継続していれば、少しずつ実力はつき、合格に近づいているはずです。『正直不動産』の主人公の永瀬だって、自分が成長しているかどうか悩んでいるんです。「成長できているのか？」と自問自答できるということは、それだけ頑張っている証だと思います。だから、受験生にはあきらめずに日々の勉強をコツコツと続けていただきたいです。もし今「勉強しているのに、実力が伸びないなあ」と悩んでいる受験生がいたら、この桐山の言葉を思い出してほしいですね。

宮嵜 晋矢 選

目の前のハードルを前向きに越えていこう！

第10集　第78直「未公開物件（後編）」▶

この第78直では、ミネルヴァ不動産の女性営業の花澤さんの過去が描かれているんですけど、彼女もなかなかハードな人生を歩んできたことがわかります。

それでも「何度つまずいても立ち上がる。」という強さが素敵。この強さを宅建試験受験生の皆さんには見習ってほしいです。例えば、模擬試験で点数が足りなくても、気持ちを切り替えて弱点克服に励むとか。過去に試験に失敗していても、今年こそ大丈夫と思って頑張るとか。つらくても、何度つまずいても前を向くことが大切。誰もが人生のどこかで挫折を経験すると思う。それでも、目の前のハードルを前向きに1つひとつ越えていくことが、成功に近づく方法なのではないでしょうか。

伊東 貴浩 選

この一言が宅建業法の目的そのもの！

第５集　第37直「再建築不可（前編）」▶

月下がやっと成約できそうな物件が「再建築不可」であることに永瀬が気づき、そのことをお客様に正直に告げようとする前に、「月下……お客様と自分のクビ―守りたいのは、どっちだ？」と問いかけたときの返事です。

宅建業法制定の目的は、「購入者等の利益の保護」。宅建業者であれば、お客様が不利益になるような取引をしてはいけません。これは、宅建業法を勉強するうえでのベースとなる考えです。カスタマーファーストの姿勢を貫く月下の存在と、「もちろん、お客様です。」の返事は、宅建業法の目的そのものといえます。ですから、受験生が宅建業法の学習をするときには、必ずこの言葉を頭に入れておいてほしいと思い、選びました。本試験での解答に迷ったときの手助けにもなる考え方です。宅建業法の目的をあえて強調して描いているところも『正直不動産』らしくていいなと思います。

正直不動産

単行本　既刊&所有テーマ

不動産業者と消費者の情報格差に鋭く斬り込む大反響コミック
宅建試験の学習にも役立つ内容が盛りだくさん！

★　本書での
紹介ストーリー（直）

第1集

敷金・礼金泥棒（前編・後編）
囲い込み（前編・後編）★
店舗契約（前編・後編）
新・中間省略登記（前編）★

第2集

新・中間省略登記（後編）★
建築条件付土地売買
（前編・後編）
瑕疵（かし）担保責任（前編・後編）
告知義務（前編・後編）
使用貸借（前編）

使用貸借（後編）
融資特約（前編・後編）
預かり金（前編・後編）
あんこ業者（前編・後編）
借地権（前編）

借地権（後編）
欠陥マンション（前編・後編）★
地面師（前編・後編）
リバースモーゲージ（前編・後編）
AD 物件（前編）

AD 物件（後編）
中抜き（前編・後編）
トリプル両手（前編・後編）
再建築不可（前編・後編）★
共有名義（前編）

共有名義（後編）
埋蔵文化財包蔵地（前編・後編）
任意売却（前編・後編）
賃料増額請求（前編・後編）
タワーマンション（前編）

第7集

タワーマンション（後編）
三為業者（前編・後編）
公簿売買（前編・後編）
賃貸管理物件（前編・後編）
既存不適格マンション（前編）

第8集

既存不適格マンション（後編）
賃貸仲介手数料上限値（前編・後編）★
契約解除（前編・後編）
立ち退き（前編・後編）
フラット35（前編）★

第9集

フラット35（後編）★
管理費等滞納マンション（前編・後編）
水害マンション（前編・後編）
搾取マンション（前編・後編）★
通行地役権（前編）

第10集

通行地役権（後編）
眺望悪化マンション（前編・後編）
原状回復（前編・後編）
未公開物件（前編・後編）
狭小住宅（前編）

第11集

正直不動産
大谷アキラ
[原案]夏原 武
[脚本]水野光博
11

狭小住宅（後編）
負動産（前編・後編）
担ボ物件（前編・後編）
持ち回り契約（前編・後編）
契約不適合責任（前編）★

第12集

契約不適合責任（後編）★
賃貸併用住宅（前編・後編）
二重譲渡（前編・後編）★
建築確認（前編・後編）
賃貸保証会社（前編）

第13集

賃貸保証会社（後編）
大規模開発（前編・後編）
底地投資（前編・後編）
事故物件サイト（前編・後編）
原野商法（前編）

第14集

原野商法（後編）
住宅ローン事務手数料（前編・後編）
物(ブツ)上げ（前編・後編）★
家賃滞納（前編・後編）
更新料（前編）

第15集

更新料（後編）
価格交渉（前編・後編）
契約の誘引（前編・後編）★
1R（ワンルーム）マンション投資（前編・後編）
買取保証（前編）

第16集

買取保証（後編）
サブリース解約（前編・後編）
共有物分割請求（前編・後編）★
ハイエナ店舗仲介（前編・後編）
但し書き道路物件（前編）

第17集

但し書き道路物件（後編）
シロアリ物件（前編・後編）
がけ条例（前編・後編）
環境的瑕疵（かし）（前編・後編）
オーナーチェンジ（前編）

第18集

オーナーチェンジ（後編）
定期借家契約（前編・後編）★
リースバック（前編・後編）
逆リプレース（前編・後編）
直接取引（前編）

第19集

直接取引（後編）
地上げ（前編・後編）
農業法人（前編・後編）
代理権限（前編・後編）
空き家（前編）★

第20集：2024年５月末
第21集：2024年９月末
発売予定！

正直不動産公式副読本
不動産取引のリアルがわかる！

不動産業者に負けない 24の神知識２
全宅ツイ・著

テーマ①不動産トラブル
テーマ②売買
テーマ③賃貸
テーマ④業者取引

不動産業者に負けない 24の神知識
全宅ツイ・著

テーマ①売買
テーマ②建築
テーマ③賃貸
テーマ④ブローカー／業者取引

編　著／宅建受験新報 編集部（X：@jutakubook）
監　修／吉野 哲慎

1985 年埼玉県川越市生まれ。
株式会社アリード 吉野塾 代表取締役、日建学院講師、東洋大学 法学部 宅建講座講師、中央法務事務所 司法書士
10万名以上の宅建試験の指導実績を持ち、毎年40点以上の高得点合格者を多数輩出。大手不動産上場企業や大手金融機関、大学等の講義も数多く経験。著書に『宅建士出るとこシリーズ』（中央経済社）がある。
【保有資格】司法書士、行政書士、宅地建物取引士、管理業務主任者、賃貸不動産経営管理士、FP２級等
吉野塾▶https://yoshinojuku.co.jp/

漫　画／『正直不動産』（漫画・大谷アキラ　原案・夏原武　脚本・水野光博）
©大谷アキラ・夏原武・水野光博／小学館「ビッグコミック」連載中
協　力／ 田中 潤（小学館ビッグコミック編集部）
漫画ロゴデザイン／ 伊波光司＋ベイブリッジ・スタジオ
装　丁／ 二宮 匡（nixinc）
ＤＴＰ／（株）明昌堂
写　真／鈴木 江実子

永瀬の仕事から学ぶ　宅建試験のスゴ知識

2024 年５月１日　初版発行

編　著　宅建受験新報 編集部
監　修　吉野 哲慎
発行者　馬場 栄一
発行所　（株）住宅新報出版
〒171-0014　東京都豊島区池袋2-38-1
電　話　03-6388-0052
印刷・製本　（株）広済堂ネクスト

落丁本・乱丁本はお取替えいたします。
ISBN　978-4-910499-68-0　C2032